なぜ名経営者は
石田梅岩に学ぶのか?

森田健司

ディスカヴァー
携書
208

はじめに

経済学の教科書に日本人がいない！

これはもう、20年以上も前の話です。

大学の経済学部に入学して、指定された教科書や参考書を購入した私は、家で真新しいそれらをパラパラめくって、不思議な違和感を覚えました。

「日本人が全然いない」

そう、教科書にたくさん出てくる人名の中に、日本人が一人もいなかったからです。

おそらく、これは現在でもほとんど変わっていない状況でしょう。経済学の標準的な入門書には、ケネー（１６９４～１７７４年）やアダム・スミス（１７２３～１７９０年）、リカード（1772〜1823年）、マーシャル（1842〜1924年）、ケインズ（1883〜1946年）など、欧米の学者の名前ばかりが並んでいるはずです。経済学史や経済思想史に関連した書物でも、日本人が出てくることはほとんどありません。経済学のフィールドで、どうしても日本人の名を探したければ、日本経済思想史のように、はじめから日本に限定された書物にあたるしかないのです。

学年が上がって、私は経済学史を扱うゼミに入れてもらいましたが、そこでようやく日本人の名を聞くことができました。「日本資本主義の父」とも呼ばれる、渋沢栄一（1840〜1931年）です。しかし、渋沢以降、再びゼミの場で日本人の名を聞くことはありませんでした。私本人も、ハイエク（1899〜1992年）を題材に卒論を書き、それで学部の勉強を終えました。

同じように、経営学の入門書にも、日本人の名はほとんど出てきません。私が学生だった頃には、「科学的管理法」で有名なテイラー（1856〜1915年）や、サイモン（1916〜2001年）らの名前が、初学者向けの本に並んでいました。ただ、経営学の本には、実際の「経営者」として、松下幸之助（1894〜1989年）や本田宗一郎

（1906～1991年）などの日本人が紹介されていることがあり、その点では経済学とは異なっていたといえます。しかし、経営学の理論や思想を構築した人物として、日本人が登場することは、やはり極めて稀なことでしょう。

経済学や経営学に、世界的に重要とされる日本人の学者がいない。

もしそれが正しいのだとすれば、日本が近代化できたのも、戦後に経済大国となったのも、欧米から経済や経営についての「学」を、教えてもらったお陰である、ということになるのでしょうか。それとも、現場が頑張れば、理論や思想などなくても経済発展は可能なのでしょうか。残念ながら、それは大いなる間違いです。建築学なくして高層ビルが建たないのと同様、少なくとも、近代的な経済や経営を実現するには、それを下支えする理論と思想は、絶対に必要なのです。

それならば、日本人は、科学技術のみならず、社会科学のような学問に関しても、先進国であった欧米から積極的に取り入れ、自らの血肉とした、ということなのでしょうか。これが事実なのであれば、過去の日本人の謙虚さと勤勉さを証明するものであって、決して悪いことではないように思われるかもしれません。

しかし、そうだとすれば、明治が始まる前に約265年も続いた江戸時代は、いったい何だったのでしょうか。あの時代に生きた日本人は、今のわれわれにつながる学問を、一切生み出せなかったととらえてしまって、果たしてよいのでしょうか。

江戸時代の民衆は優秀な労働者だった

もし、日本人が欧米の学問を輸入し、虚心に学ぶことで、欧米にキャッチ・アップできたというのであれば、それはそれで素晴らしいことです。しかし実のところ、歴史的事実が、それをきっぱりと否定しています。

特に、幕末期に多く来日した外国人たちは、彼らが想像していたのと大いに異なり、日本が相当高い技術力を持ち、優れた経済システムを構築していたと記録しています。そして異口同音に、この国が間もなく欧米のライバルになることを予言しています。

そう、**日本は江戸時代の間に、相当の発展を遂げていたのです。**その力の源は、名もなき庶民でした。町人や農民は、実に勤勉で、猛烈に働きました。そして、これも外国人の記録にあることですが、仕事を終えると全力で遊んで、息抜きをしていたそうです。

老若男女問わず、毎日必ず入浴していたことも、多くの人々が証言しています。さらに彼らのほとんどは、幼少時から教育を受けていて、字が読めて、書くことができました。幕末期の識字率は、世界一だったと推定されていますが、実際に欧米人たちもそう思ったようです。

日本の民衆が、優れた労働者だったこと。これが、瞬く間に近代化できたことや、第二次大戦後、驚異的な速度で復興を遂げることのできた理由です。指導者が、画期的な経済政策を思いついて、それによって経済力を向上させたのではありません。優秀な労働者が、世界のどの国よりも多くいたことこそが、日本の経済的な強みだったのです。

それを知れば、多くの人はこういった疑問を持つはずです。それはすなわち、なぜ日本という国は、そのような条件を備えることができたのだろうか、というものです。そして、この疑問への一つの回答が、石門心学という思想にあると、私は考えています。つまり、石門心学が経済や経営の「学」を、人々に提供したと、とらえているのです。

石門心学は、京都の商人だった石田梅岩（１６８５〜１７４４年）という人物が創始した学問です。学問といっても、今のそれとは相当性質が違います。梅岩は、「人はどう生きるのが正しいのか」ということを、ひたすら考え抜きました。つまり、現代の用語でいうなら、哲学に近いかもしれません。しかし、梅岩は人間のことだけを考察したのではなく、社会の構造や、さまざまな職業がどういった役割を果たしているのかについても、探求しています。

元々は商人だっただけあり、梅岩は商業のこと、そして経済や経営のことを、皮膚感覚で理解していました。そして、商人を引退し、専業の思想家となってからは、商業や経済、経営を明確な言葉で説明することにも、大いに注力しました。その言説は、当時の多くの学者のように、特定の思想の枠組みに縛られたり、宗教的な救済を前提としたりしたものではありませんでした。

つまり、**梅岩は明らかに経済学者であり、経営学者でもあったのです。**ただ、それは現代の社会科学のように、客観的な数字に埋め尽くされたものではありません。常に、「人間本性《ほんせい》とは何か」という問いから始め、経済や経営を語ったのです。彼の学問は、西洋でいえば、アダム・スミスのそれによく似ています。

図1　石田梅岩

この梅岩の思想は、弟子たちによって日本中に広げられました。そして、さまざまな階級の人々が、これを熱心に学びました。なぜそんなことが可能になったのかというと、**梅岩の思想は、社会科学的であると同時に、毎日の仕事に大きな意味を付与してくれるものだったからです。**梅岩の孫弟子に心酔して、一家全員で石門心学に入門した大名までいました。梅岩の考えを学んだ人々は、道徳的な向上を遂げ、感情と行為に自信を持ち、人間関係を和やかにすることに努めたといいます。

そして、大変興味深いことに、道徳的向上を遂げた人々の多くは、仕事の成果も、以前よりよいものとなりました。勤勉で倹約に努め、正直な商人には、予想もしていなかった財産が成されていることさえありました。真面目で、周りに気を使う民衆が、一国の経済発展に貢献し始めた瞬間です。

経済・経営と哲学 ―ドラッカー、そして松下幸之助―

日本の経済力の秘密として、石門心学を挙げる人が多くいることの理由は、以上の話からもある程度は納得できるかと思います。しかし、経済や経営を考える際に、「人間本性とは何か」のような問いから始めるのは、あまり有効ではない、と考える向きもあるかもしれません。わかりやすいマニュアルに慣れた現代人の目からすると、無駄な回り道に思える可能性もあります。

しかし、実は現代の優れた社会科学者も、この問いを忘れてはいません。特に、根強いファンを獲得している学者ほど、その問いに自覚的であるように思われます。そして、このような根源的な思考を基盤にして、社会の問題に接近しようとする傾向は、近年、より強いものになりつつあるようです。

このようなスタイルを守り続けた学者として、日本で最も知名度が高いのは、ピーター・ドラッカー（1909～2005年）でしょう。

彼はたとえば、人間とはいかなる者か、どういう生を望む存在か、といった哲学的な問いと、具体的な企業経営の方法を、常に並立させて語っています。企業の経営や、社会における企業の役割を説く際にも、必ず人間本性を意識しています。彼が、優れた経営思想家であると同時に、人生を再考するきっかけを与えてくれる偉人であり続けていることには、このような理由が存するのです。

あるいは、実際に経営で大きな成果を上げた人物も、こういった問いに無関心ではいられないようです。戦後日本を代表する実業家である松下幸之助は、人間の本質を探求しつつ、実際の経営で成功を収め、日本はおろか、世界中にさまざまな影響を与えました。彼が人間本性を探求した成果は、簡明なタイトルを持つ『人間を考える』（１９７５年）に記録されています。

宇宙の万物いっさいにはそれぞれ固有の特質が与えられています。そして、そこにそれぞれの存在意義というものがあると考えられます。牛には牛の、馬には馬の、木には木の、石には石の、それぞれに特質があるわけです。そのようにそれぞれに異なった特質を持つ万物の中で、人間には人間の特質が与えられているわけです。すなわち、これまでのべたように、人間はこの宇宙を認識し、そこにはたらく自然の理法を解明し、万物それぞれの本質を明らかにしつつ、それらを活用することができるのです。

——『人間を考える』

一見、江戸の儒者の文章を現代語訳したかのような内容に思えます。しかし、このような人間の本質を探究する旅は、松下本人からすれば、経営に携わる者の余技ではなく、経営を正しく実践していく上で、必須のものであったに違いありません。

松下が石門心学に影響を受けたという事実を、私はまったく知りません。おそらく、梅岩の書を直接読んだことはないように思われます。それにもかかわらず、万物に固有の特質があるという指摘や、自然の理法を解明し活用する、などの観点は、梅岩のそれとリンクする部分があります。

経済や経営について考える際、常に人間の本性から始めること。これは、まったく特殊なことではなく、むしろスタンダードであるべき姿勢なのでしょう。

本書の内容と目的

以上のような問題意識を携えて、本書は梅岩の思想を読み解き、現代に生きるわれわれが、そこから何を得られるかを熟考していくものです。

仮に、梅岩の名前すら聞いたことがなくても、本書を読み進める際に、問題が生じることはないと思います。また、古文調の文章が苦手であっても、大丈夫です。引用した梅岩の文章は、ニュアンスは極力変えないようにしながら、すべて私が現代語に訳しておきました。

本書は、特定の問題について、簡潔な回答を提示する類のものではありません。しかし、厳しい病巣を抱えている現代日本の経済や企業経営を、どのようにとらえれば適切な治療に向けて動きだすことができるのか、これを一貫して考えたいと思っています。そのために、今の日本を作り上げてきた精神性を、さまざまな角度から検討してみるつもりです。

それでは、以下本書の内容を大まかに紹介しておきましょう。

第1章では、幕末においてすでに「近代化を招来する経済システム」が完成していたことを確認した後、石門心学とはどういうものなのか、概観しようと思います。

石門心学と近代に何らかの関連があるとはじめて指摘したのは、ロバート・N・ベラー（1927〜2013年）というアメリカの社会学者です。彼がなぜ石門心学に注目し、そこにどのような近代化の萌芽を見出したのか、それについても触れてみるつもりです。

第2章では、アダム・スミスから話を始めています。多くの経済学の教科書においては、「見えざる手」という印象的なフレーズとともに市場原理の発見者として軽く紹介される程度のため、彼が本当はどのような思想家だったのか、詳しく考える機会は少ないと思います。

彼の真価は、道徳と経済の関連について執拗に考察したことにこそあり、それは『道徳感情論』と『国富論』という二書の内容を把握して、はじめて知ることができます。

本章においては、スミスの人間本性論から梅岩の商人論に移り、最後には共同体というものをどうとらえればよいのかに関しても、考えてみるつもりです。

第3章から第5章までの3つの章では、いくつかの題材を挟み込みつつ、梅岩の思想を紹介していきます。江戸時代に実際に存在した賤商観や、それが生まれた理由なども考えますので、当時、梅岩の思想がどれほど革新的なものだったかも、ここで知ることができるはずです。

また、彼がどのような論理でもって道徳と経済をつなごうとしたかも探究してみました。**その際に鍵となる概念こそ、「倹約」です。**梅岩の使用した倹約は、通常使用される場合よりも深い意味を持つ語ですが、これを正しく理解すれば、日本経済を支える道徳にも肉薄できるはずです。

続く第6章においては、現代的なトピックス、「モッタイナイ」、自己実現、非正規雇用の増加などを取り上げ、それらに対し、心学からの接近を試みたいと思います。心学が過去の遺物などではないことを、ここで証明するつもりです。

そして、最後の第7章では、現代最高の思想家の一人、ドラッカーの思想と梅岩のそれを比較して論じてみます。私は常々、両者の考え方、特に人間観については、極めて似通っているように感じていました。**特に、梅岩の「形によるの心」を、ドラッカーのいう「役割と位置」から再考する**と、その真意がつかみやすくなるように思っています。なおこの章は、梅岩の思想によって現代を考えるという、第6章の続きでもあります。

本文中に引用した書籍に関しては、「主要参考文献」として、巻末にまとめてあります。詳しくはそちらをご覧ください。

ここで複数回引用した書籍に関してのみ、訳者の方々に感謝の意を表しつつ、記しておきたいと思います（敬称略）。
『ペリー提督日本遠征記』は、角川ソフィア文庫の宮崎壽子監訳、『徳川時代の宗教』は、岩波文庫の池田昭訳、アダム・スミスの『国富論』は、日本経済新聞社出版局の山岡洋一訳、同じくスミスの『道徳感情論』は、日経BP社の村井章子・北川知子訳、ピーター・ドラッカーの『マネジメント』は、日経BP社の有賀裕子訳、ドラッカーの他の著作は、ダイヤモンド社の上田惇生訳を利用させていただきました。ありがとうございました。

記述はできるだけ平易になることを心掛けましたが、取り扱う内容に引っ張られて、やや読みにくいところもあるかもしれません。そういったときは、遠慮なく該当箇所を飛ばして、一度通読してもらいたいと思っています。

私は、梅岩の名が、現在の経済学や経営学の教科書に載っていないことは間違いである、とまでは思っていません。しかし、梅岩の思想を抜きにして、日本の経済や日本企業の基礎力を理解することができないことは、声高に主張したいと思っています。それどころか、日本が近代化に素早く対応できた理由も、第二次大戦後に奇跡の復活を遂げたわけも、梅岩を知らずにいては、決してわからないと考えています。

社会科学と呼ばれる学問は、思想という不合理な要素を欠落させることで、汎用性を高めて、今の姿になりました。その利点も、十分に承知しています。

しかし、国際化の進展する中で実際に起きていることは、「不合理な価値観」の衝突です。経済や経営を語る際に、宗教や哲学を無視することができなくなってきています。これに対応して、近い将来、社会科学における思想の比重も、今よりずっと大きくなることでしょう。そのときにこそ、梅岩の名はもう一度思い出されるはずです。

森田健司

なぜ名経営者は石田梅岩に学ぶのか？　目次

第2章　道徳なしに市場なし　石田梅岩とアダム・スミス

第3章　商業は正直から始まる

第5章 仕事〈ワーク〉と人生〈ライフ〉を結びつける

第6章 現代に生きる心学の精神

第1章

日本人を勤勉にした男

日本経済は復活するのか

失われた20年。この寂しげな言葉が語るように、1991年のバブル経済の崩壊から、日本の経済は出口の見えない不景気が続いています。

さまざまな景気浮上策も、あくまで対症療法に過ぎず、根本的な解決方法は今も見出されていないようです。あまり想像したくありませんが、失われた20年は、30年、いやそれ以上に延長されることも、十分に考えられる状況にあります。

経済の低迷によって、新しい問題も噴出しつつあります。不安定な非正規雇用の増加、労働者を使い捨てるブラック企業の出現、そして、先進国としては異例な高さの相対的貧困率。

若年層と貧困層を狙い撃ちしたかのようなこれらの問題の帰結として、戦後日本の中核を担った経済的中流層が解体され、格差の拡大も深刻化しています。このまま放置しておくと、取り返しのつかないことになるのではないか。誰もがそんな思いを抱き、日本の経済状況に大きな不安を感じているように思われます。

しかし同時に、国内、国外を問わず、多くの人はある思いを抱いているはずです。それは、日本経済がこのまま崩壊に至るようなことはなく、いつか、必ず復活するだろう、という「希望」です。

現況を全肯定するような楽天家は少ないが、行く末を絶望するような冷笑主義者もあまり見当たらない。それは、日本経済が復活するだろうという展望が、決して根拠のないものではないからでしょう。

日本経済への信頼は、主に二つの歴史的経験に基づいています。

一つは、日本が非西洋圏の国として、最も早く近代化に成功したこと。もう一つは、第二次世界大戦の敗戦によって焦土と化したにもかかわらず、そこから20数年しか経過していない1968（昭和43）年、GNPで世界第2位となったことです。ともに、世界経済の常識からは考えられないような「奇跡」でした。この二つの経験が、「日本経済は特別である」という認識の基盤になっているに違いありません。

日本の近代化に関しては、かつてはウェスタン・インパクト、つまり西洋列強からの衝撃によって達成されたとする考えが大勢を占めていました。これをもう少し具体的にいうならば、西洋の近代的工業技術を学び、ときには模倣し、それによって近代化を達成したとする見方です。そして、近代的な諸々を移入したのは、いわゆる「お雇い外国人」ということになるはずです。

しかし、今の説明は本当に正しいものといえるのでしょうか。もしこれが正当な認識であれば、少なくとも「経済的側面」での近代化は、先進諸国の技術を発展途上の国々に持ち込めば、それで遂行可能であるという、実に単純な話になるはずです。そして、そういった見方が正しいのだとすれば、なぜ多くの非西洋の国々が、長らく近代化することができなかったのか、説明することができなくなります。

確かに、近代化を政治と経済の両面からみた際、政治的な側面、たとえば個人の自由や平等を是とし、民主主義を政治の基本とする考え方などは、欧米の導きに頼っていたととらえてもいいように思われます。しかし、経済に関しては、そう考えることが難しいのです。**もしかすると、日本は、他の非西洋諸国とは大きく異なる方法で、近代を迎え入れることのできる経済的土壌を、自力で作り上げていたのではないでしょうか。**

ペリー提督は「日本は米国の競争相手となる」と予見した

自らのことを、自らの目で判断し、評価するのは難しいことです。できたとしても、自己愛や、逆に自虐によって曇らされたものとなってしまうことが多々あります。文化人類学のフィールド・ワークが、「異文化」の人々を調査することであるのは、このためです。自文化に対して、調査の客観性を担保することは、いかにしても困難だからです。

それでは、日本の近代前夜を客観的に知るためには、誰によって記されたテキストに頼るのが適切でしょうか。それはやはり、当時の日本を来訪した「外国人」の手によるものだと思います。

日本の近世は、時代でいうと、江戸時代とともに終わりを迎えたとされています。ただし、正確にみるならば、明治の初年はまだ近世であり、近代とすることはできないかもしれません。もしそうであっても、「幕末が、近世の終わり頃に位置する」という認識は、

図2　マシュー・カルブレイス・ペリー

間違っていないはずです。

「幕末期日本を見た外国人」と聞くと、まずは黒船に搭乗していたアメリカ人を思い起こす向きが多いのではないでしょうか。江戸時代、長崎の出島を通じて交易のあったオランダ人は、日本を長く見続けていたために、フィールド・ワーカーの資格を失っているように思われます。よって、まずは黒船の乗員たちが、日本をどう見たのか、その証言を確認してみましょう。

艦船4隻を率いて来航したマシュー・カルブレイス・ペリー（1794～1858年）は、今もほとんどの日本人がその名を知るほどの「歴史的有名人」です。その彼が、1853年に浦賀沖に現れた理由は、端的に表現すれば日本を開国するためでした。

江戸時代の日本は、オランダ、中国、朝鮮、琉球を除く国々と交流がありませんでした。

そのような状況の中でアメリカは、自国船の薪水補給地としていくつかの港を開くことや、漂流した自国民を適切に保護すること、そして通商を開始することを日本に要求するため、ペリー艦隊を日本に派遣しました。

出発前から、徹底的に日本のことを研究していたペリーは、過去に日本との交渉に失敗した多くの使節とは異なり、高圧的な態度で、幕府の役人たちに要求を突きつけました。しかしながら、その彼をしても、通商に関しては日本側の拒絶姿勢を崩せず、あきらめています。

日米和親条約を締結する１８５４年、ペリーは開港地となる下田や箱館（現在の函館）に上陸し、町の様子や人々の暮らしを視察しました。帰国後、ペリーが議会に提出した文書には、視察によって判明した幕末日本の様子が詳しく記されています。

ペリーが最も関心を持ったのは、日本の美術や印刷技術で、それは彼が日本関連の書であらかじめ知っていたものより、はるかに先進的なものでした。たとえば、日本について書かれた本の多くには、「日本人は遠近法を知らない」とありましたが、それは間違いであるとペリーは知ります。そして、日本の印刷技術、特に多色刷りに関しては、アメリカにおける最新のものと、同等のレベルにまで達していることを理解しました。
このように実際に自分の目で確認した上で、日本の今後をペリーは次のように予想しました。

人々を他国民との交流から孤立させている政府の排外政策が緩和すれば、他の国民の物質的進歩の成果を学ぼうとする好奇心、それを自らの用途に適用する心がまえによって、日本人はまもなく最も恵まれた国々の水準に達するだろう。ひとたび文明世界の過去および現代の知識を習得したならば、日本人は将来の機械技術上の成功をめざす競争において、強力な相手になるだろう。

――『ペリー提督日本遠征記』

恐るべき慧眼です。**ペリーは、開国した日本がわずかな時間で経済的発展を遂げ、科学技術においても、アメリカの競争相手になるだろうと予言しているのです。**この後の歴史を知るわれわれからすると、この指摘には驚くほかありません。
ペリーは研究者ではありませんし、経済に関してことさら詳しかったわけでもないようです。しかし、それでも先ほどの言葉が信頼に足る理由があります。それは、彼が他のアジアの国々も実際に見ていたことと、特に日本に好意を持っていたわけではなかったことです。

ペリーは、シンガポールや中国、それに琉球に立ち寄った上で、日本にやってきました。その彼によって下された日本への高い評価は、相当信憑性があると思われます。

勤勉で技術力の高い江戸時代の職人たち

ペリーが来航した1853年を境に、日本は激動の時代を迎えます。これからわずか14年後の1867年、徳川慶喜が大政奉還して江戸時代が終わるのです。約265年も続いた徳川家の治世、その最後の14年は、あまりにも濃密で、かつ目まぐるしいものでした。

日米和親条約が締結されたことを受け、アメリカ総領事としてタウンゼント・ハリス（1804〜1878年）が日本に派遣されたのが、1856年。彼によって、日米修好通商条約が結ばれたのが1858年であり、これ以降、日本は多くの国と通商条約を締結することになります。江戸時代の終わりまでに、条約の相手国は11ヶ国に上りました。長らく「神秘の国」だった日本が、世界に向けて、急激に開かれたのです。

その11ヶ国のうちの一つ、イタリアの使節だったV・F・アルミニヨン（1830〜1897年）は、1866年に日本にやってきました。軍艦マジェンタ号の艦長でもあった彼は、豊かな教養を持った知性の人であり、彼の記した航海誌は、当時の日本を客観的に知るために格好の史料となっています。

江戸時代の末期を見た彼は、実に興味深い記録を残しています。

日本の職人は、才覚があり、しかも勤勉で、優れたところのある品を見ると、自分の手で同じ物を作り出すまでは気がすまないのである。サドヴァの戦い以前に、日本人は針鉄砲を知っていて、これを高く評価していた。アメリカ、イギリス、フランス、ドイツなどがよい製品を適切な値段で売り込むことを競い合った結果、日本人の目は大いに肥えたのである。この点において、日本人が中国人に大きく勝っていることは明らかである。中国人はヨーロッパ人を軽蔑しているために、西洋文明の物的優越の原因を知ることもできないのである。

――『イタリア使節の幕末見聞記』

ここには、極めて重要な指摘が二つあります。一つ目は、幕末の職人が勤勉で、技術も大変高かったこと。もう一つは、彼らが海外の製品から虚心に学ぶ精神性を持っていたことです。

現在でも、日本の職人の技術水準は、世界的に評価されています。たとえば、最先端の電子機器などは、それが他国の企業による製品であっても、内部の部品の生産は日本の中小企業が請け負っているケースが多々あります。微細で精密な部品を作る技術に関しては、長らく不況に苦しめられているにもかかわらず、今も日本が世界最高峰であると認知されています。

そして、もう一つの指摘です。幕末の職人たちが、優れた物から積極的に学ぶことに長けていたという事実は、技術的な優秀さの指摘以上に、重要なものではないでしょうか。

このような性質は、職人だけでなく、商人のものでもあったと推察できます。職人は、基本的に商人からの注文に応じて商品を生産する立場にあり、自由気ままに物作りを行なっていたわけではないからです。商人は、どこの国が発明したものであろうと、できるだけよい商品を作ってくれるよう、職人に注文していたのでしょう。

当時から、職人も商人も、勤勉かつ柔軟だったのです。職人も商人も社会的存在であることを考えれば、こういった性質は他の階級の人々にも、ある程度以上は共通するものだったといえるかもしれません。

イタリア人のアルミニヨンは軍人ですが、幕末の職人の技量については、ヨーロッパ人の「専門家」も高い評価を下しています。

1863年に来日したスイスの時計業組合会長のエメェ・アンベール（1819～1900年）は、「ヨーロッパ人が日本人の職人に接して驚くのは、彼らのもつ技巧が極限に達していることである」と述べた上で、その一例として、日本の時計職人の様子を記録しています。

職人は、地面に打ち込んだ小さな鉄床《かなとこ》の前にうずくまって、時を打つ鐘を除いた、時計の機構の他の部分は全部、彼が手作りをする。使う道具は、身の回りの土間に敷いた莝《ござ》いっぱいにとりちらかっているが、それとても、わずか金槌《かなづち》一挺《ちょう》、鑢《やすり》二、三本、鋏一組、それに、錐《きり》が何本かにすぎないのである。

――『続・絵で見る幕末日本』

アンベールは職人ではありませんが、時計業組合会長である以上、時計に関しては専門的な知見を有していました。そんな彼の目から見ても、わずかな道具で時計を組み上げる日本の時計職人は、驚異的に思えたのでしょう。

近代化の基盤は幕末にすでにあった

幕末に日本を訪れた外国人たちの記録からわかることは、この段階で、日本は「近代化のための条件」を十分に備えていたということです。

先ほど引用したものの中で、中国（清）の状況も自身の目で見た上で、幕末日本の評価を下したペリーの言葉などは、特に重要だと思われます。同じ非西洋の国でありながら、中国に近代化の萌芽を認めず、日本においてそれを感じ取ったことからは、たとえば中国から流入した何かではなく、日本独自の要素が、幕末日本の土壌を涵養したと考えられるからです。

ペリーだけでなく、アルミニヨンも日本と中国を比較して語っていますが、それは両国人の風貌や文化が、西洋人の目から見ると、極めて似ているように思われたからでしょう。似ているにもかかわらず、決定的な違いがある。ここに、彼らは興味を持ったように思われます。

近代が生まれるための土壌を、幕末日本が持っていたとすれば、次のように考えることも可能になるはずです。すなわち、日本の近代化にウェスタン・インパクトが必要だったとすれば、それは「開国のための契機」に相当するものではないでしょうか。**日本の経済に関していえば、もし国際的な競争の場に引きずり出されれば、近代的な大量生産を達成することは、時間の問題だったわけです。**

事実、幕府が倒れてからわずかな時間で、日本は欧米列強に並ぶほどの近代国家となりました。それを否が応にも世界が思い知らされるのは、１９０５年の日露戦争の勝利です。この戦争が始まった１９０４年というのは、江戸時代の終焉から37年しか経過していない年です。ペリーの予言は、見事に的中したといわなくてはならないでしょう。

それでは、一体どういった理由で、非西洋圏において、日本だけが近代化のための経済的土壌を作り上げることができたのでしょうか。長らく貿易の制限を行っていたこともあって、幕末の日本が高い経済的潜在能力を備えていたことは、どこか神秘的なことのようにも思われます。

この疑問に一つの、そして説得力を持つ解答を提示したのは、日本ではなく、アメリカの若い研究者でした。彼は、日本の近代化の基盤に、ある民衆思想が影響を与えたのではないか、と考えたのです。

それは、経済的には勤勉と倹約を強化し、生産を評価し、消費を小さくみた。さらにそれは、正直の普遍主義的な水準と契約の尊重を主張し、これらを宗教的に強めた。

このようにして、それは、都市階級の間において、世俗の仕事に対し規律をもち、実践的、持続的な態度の成長するのに寄与すると考えられたに違いなく、経済が産業化の過程に入るにあたって、企業家と労働者の両方にとって重要であった。

——『徳川時代の宗教』

ここに引用したのは、ロバート・N・ベラー（1927〜2013年）という社会学者が著した『徳川時代の宗教』の一節です。ベラーは1957年に出版したこの書で、日本が近代化の条件を備えるにあたっては、江戸中期以降に盛り上がった思想が重要な役割を演じたと論じました。先の引用文で、繰り返し「それ」という代名詞に置き換えられていたのは、石田梅岩（1685〜1744年）が創始した石門心学です。

若かりし日のベラーが出版した『徳川時代の宗教』は、方法論的にはマックス・ウェーバー（1864〜1920年）の仕事からの影響が極めて強いものでした。ウェーバーの近代化論といえば、何よりも『プロテスタンティズムの倫理と資本主義の精神』（1904〜05年）が思い起こされますが、ベラーの議論も、この書における分析方法を踏襲したものです。**西洋近代化の原動力、すなわち「資本主義の精神」をキリスト教におけるカルヴィニズムととらえたウェーバーに対し、ベラーはその日本版を、石門心学と考えたわけです。**

これは、何らかの証明が可能となる類の話ではありません。しかし、ベラーの仕事は、疑いなく多くの賛同者を得ました。説得力があったからです。他国から伝来した仏教や儒学そのものではなく、日本流の雑種思想である石門心学を取り上げた点でも、ベラーの議論は世間の耳目を集める条件を備えていたと思われます。

日本を変えた石門心学の開祖・石田梅岩

それでは、ベラーが注目した石門心学とは、いったいどのようなものなのでしょうか。まずは、開祖の生涯を概観することで、その内容に迫ってみたいと思います。

石田梅岩。この不思議な思想家は、1685年に京都の鄙びた村で生を受けました。彼の故郷である東懸《とうげ》村は、現在は京都府亀岡市東別院町東掛《とうげ》と呼ばれています。漢字は違いますが、「とうげ」という読みは同じです。現在も山と田畑が広がる地域であり、その風景は梅岩が生きた時代と大きくは変わっていないのではないでしょうか。なお、梅岩という名は、後に自身で付けた号であり、彼の諱《いみな》は興長《のりなが》、通称は勘平《かんぺい》でした。

梅岩の生家は、ごく普通の農家です。ただし、いわゆる貧農ではありません。石田姓を許されていたことからも想像できるように、当地においては比較的裕福な農家だったと推察されています。

彼はこの石田家に、次男として誕生しました。兄弟は、兄が一人、妹が一人です。幼い頃は、家業を手伝いつつ過ごしましたが、同じ時代の農家に比べると、梅岩の父親である権右衛門《ごんえもん》の躾は厳しかったようです。ただし、梅岩はその厳しさこそが真の愛と知って、後に深く感謝しています。

多くの農家の場合と同じく、長男ではなかった彼は、奉公に出されることになります。

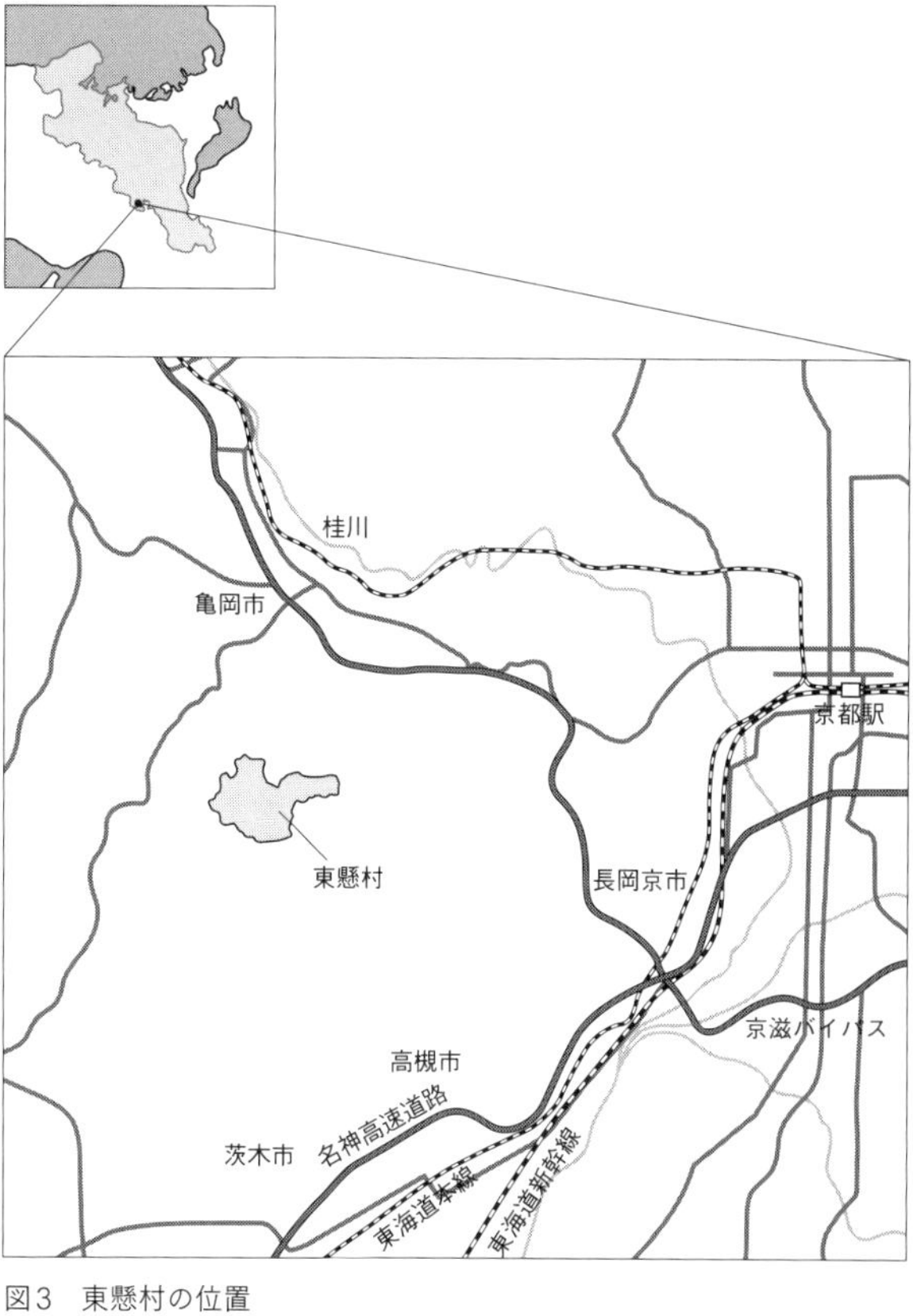

図3　東懸村の位置

11歳のとき、京都の商家に奉公に出ることが決まった際、父母は梅岩に「商家の主人のことを、親と思って仕えるように」と伝えたそうです。彼はその言葉を忘れず、守り続けて、必死に働きました。しばらくすると、奉公先の商売がうまくいかなくなりますが、梅岩は一切不満を口にすることがなかったといいます。

しかし、奉公先はますます酷い状況になり、その事実は、奉公を仲介した知人によって実家にも知らされました。それを聞いた父親は、梅岩をいったん実家に戻すことを決めました。これが、15歳の頃の話です。

それから8年ほどを実家で過ごした彼は、23歳になった頃、また新たな奉公先を紹介されました。京都の上京にある、呉服商の黒柳家です。そして、この黒柳家が、梅岩にとって最後の職場となります。

彼はこの店で、ひたすら真面目に働き、丁稚から手代、そして雇われ人としては最高の職位である番頭にまで出世しました。23歳という遅すぎる入店ながら、彼は人並み以上の努力を重ね、その仕事振りを認められたのです。

黒柳家で働いていた頃の梅岩は、実は仕事だけをしていたわけではありません。一貫して、学問にも打ち込んでいました。しかし、彼には多忙な仕事があり、たとえば、誰かに弟子入りして学問を習うような時間はありませんでした。この状況の下、彼の取った方法は、書を読んで独学するというものです。彼は少しでも空き時間を見つければ、懐から書を取り出し、必死に学んだといわれます。

20年間、呉服屋の店員として働いた後、梅岩は退職することを決意します。彼は店員として極めて優秀だったため、暖簾分けをしてもらって、独立するのも十分可能だったはずです。それにもかかわらず、梅岩は完全に商業の世界から離れてしまうのです。そしてその後、二度と商売に関わることはありませんでした。

自分の愛した商業の世界から離れてまで、彼がしたかったことは何でしょうか。それは、自身の内に培った思想を、講義という形で披露することでした。45歳になった梅岩は、現在の京都市中京区車屋通御池上る東側にあった自宅の一間を教室にして、無料の講義を開始しました。１７２９年のことです。

まったく無名の元商人が、突然講義を始めたところで、果たして人が集まるものでしょうか。講義開始からしばらくは、当然ながら、誰一人聴講者はいなかったといいます。しかし、それでもくじけず、講義を開き続けた梅岩の下には、少しずつ人が集まり始めます。無名ながら、十分な知識量とそれを活用する知力を備えていた彼の講義は、聴く人が聴けば、本物とわかるものだったのです。

梅岩はこれ以降も精力的に講義を続け、最終的に、数多くの門人を育てました。その間に、『都鄙問答《とひもんどう》』（1739年）と『斉家論《せいかろん》』（1744年）という2冊の本を著し、それも大きな評判になったと伝えられています。そして1744年、何の前触れもなく、突如この世を去りました。享年60。彼は生涯独身で、子もいませんでした。財産らしきものも、日常的に使う物以外、何もなかったようです。

このように、梅岩の60年の生涯はとにかく慎ましやかでした。外部からみると、その生き様は少々地味にも思えます。しかし、この元商人の中身は、驚くほど熱かったのです。**その熱は、数え切れないほど多くの人々に、生き方を根本から変えさせるほどの力を持っていました。**

この無害そうな元商人の思想が、日本をどのように変えたというのでしょうか。

全国に広がった心学

梅岩自身の生涯を概観すると、政治に関わることなど微塵もなく、京都の地で穏やかに生きた一町人という印象しか持てません。少なくとも、彼が近代という時代を招来するような人物には思えないはずです。

しかし、彼の創始した思想が真の力を見せるのは、その死後なのです。梅岩は、数多くの弟子を持ちました。中には、黒杉真胤《まさたね》（1705～1754年）のように、河内国で奉行まで務めた武士もいたほどです。しかし、中心となるのはやはり町人であり、彼らの多くが住んでいたのは、京都か大坂でした。だから、全国的な広がりとは、ほど遠いものでした。

梅岩の思想が広がる契機となるのが、高弟の一人、手島堵庵（1718～1786年）

によって初めて設立された心学講舎です。彼は積極的な出張講義を行い、それと同時に、それぞれの地方で、教育の拠点となる心学講舎を作りました。これによって、梅岩の思想を学ぶ者の数は飛躍的に増加します。堵庵はまた、梅岩の思想を「石田の門流」という意味で、石門心学と名づけたといわれます。

堵庵は、梅岩の思想の難解な箇所を、できる限り易しい表現に直し、誰でも理解できるような説明を加えました。

堵庵の講義を聴きにやってくる人々の多くは、寺子屋で読み書きと算盤を習った程度の町人で、本格的な学問とは無縁でした。そして彼らは、一日のほとんどを自身の仕事のために使っていて、自由に使える時間は限られていたのです。だからこそ、やる気さえあれば、短時間で重要な内容が理解できるよう、工夫を凝らしました。

続々と作られた心学講舎には、毎日多くの聴講生が集まりました。彼らは何を求めて、わずかな空き時間を心学のために使ったのでしょうか。**それは、「より善い人生」を送るためにほかなりません。**

年代	新設数	年の 平均開設数
1765〜1786年（明和2〜天明6） ＊堵庵の在世期	22	1.04
1786〜1804年（天明7〜享和）	59	3.27
1804〜1830年（文化〜文政）	50	1.92
1830〜1868年（天保〜慶応）	42	1.10
総計	173	1.67

＊石川謙『石門心学史の研究』などに基づき作成。

表1　時代別にみる心学講舎の開設数

	書名	成立時期	ジャンル
1	四書	—	儒学
2	『近思録』	1176年	儒学（朱子学）
3	『小学』	1187年	儒学（朱子学）
4	『都鄙問答』	1739年	心学
5	『斉家論』	1744年	心学

＊手島堵庵『会友大旨』に基づき作成

表2　心学講舎で教科書として用いられた書（堵庵選定）

講舎数順位	地域	講舎のあった国の数	講舎数
1	関西	13	78
2	中部	8	32
3	関東	6	27
4	中国	10	23
5	四国	3	6
6	東北	2	3
7	九州	2	3
8	北海道	1	1
総計		45	173

＊石川謙『石門心学史の研究』などに基づき作成

表3　江戸時代における心学講舎数の地域別順位

図4　江戸時代における心学講舎の分布とその数
幕末までに45ヵ国173舎に及んだ。

この表現が曖昧ならば、次のように換言しましょう。**仕事を含めた、日常的な行為の意味、それを彼らは知りたかったのです。**石門心学は、そういったものに、宗教とはまったく違う答えを提供するものでした。

日常的な行為の意味を知らなくても、人は生きていけると考える向きもあるはずです。しかし、果たしてそれは本当なのでしょうか。

たとえば、梅岩のように朝から晩まで呉服商として生きている者が、その仕事にどういった意味があるのか知らないまま、有意義な人生を送ることができたでしょうか。

仕事の意味というのは、呉服商が社会においてどのような役割を担っているのか、というようなものに尽きません。なぜ、ほかならぬ自分が、呉服商をしなくてはならないのか。商業に関わらなくてはならないのか。そして、朝から晩まで真面目に働かなくてはならないのか。こういったことも含めた、意味づけのことです。

石門心学は、日常への意味づけという点で、他のあらゆる思想を凌駕する力を持っていました。宗教のように、特定の神様を崇め奉ったり、あの世での救済を約束したりはしません。**ただ、日常のあらゆる行為の意味を考えさせ、その一つひとつを確かなものとし、人々に尊厳を与えたのです。**

階級を問わない心学だからこそ、堵庵の弟子である中沢道二《なかざわどうに》（1725～1803年）が積極的に出張講義をしていた時代には、大名までもが心学に入門してきました。階級社会であった江戸時代に、このようなことが起こっていたのです。

しかも、門下生となった大名の数が、また驚異的でした。石川謙の調査によれば、道二、及び彼の高弟、関口保宣《せきぐちほせん》（1755～1830年）と大島有隣《おおしまうりん》（1755～1836年）の3名によって心学の手引きを受けた大名は、51藩の64名に上ったということです。

石川はまた、心学講舎に関する詳細な調査を行い、それによって、江戸時代の終わりまでに、45ヶ国に173舎の講舎が創設されたことがわかりました。心学は、まさしく全国に広がったのです。**心学講舎で学ぶのは、基本的に無料であり、老いも若きも、男性も女性も、誰でも歓迎されました。**このような姿勢の学校は、当時の日本にはまったく存在していないものでした。

「勤勉・倹約・正直」

しかし、それではなぜ、石門心学は近代と関わりを持つ思想といえるのでしょうか。ベラーが西洋におけるカルヴィニズムに相当するものとして、日本の石門心学をとらえた理由は、これまでの話からは理解できません。これを知るためには、石門心学を学んだ人々が、どういう人生を送ったのかを把握する必要があります。

ベラーは、心学が目指すところを次のように整理しています。

瞑想の実行は、世間から隠遁することとみえるかもしれないが、梅巌はそのように考えなかった。彼自身、社会で多忙な生活を過しつづけ、弟子にもそうするように望んだ。人は、瞑想を実行するために、荒野にしりぞくのではなく、たんに余暇の時間を利用して、店の奥にしりぞくにすぎなかった。さらに、倹約と節約を毎日実行し、勤勉に仕事に献身することは、宗教生活を疎んずるものではなかった。むしろ、それらは、悟りを得るのに助けとなった。

＊著者注：文中の「梅巌」は「梅岩」のこと。梅岩の自署は、ほぼすべて「岩」という表記でした。

――『徳川時代の宗教』

この箇所において、ベラーは「瞑想」や「宗教」などという用語を使って心学を説明していますが、これは便宜上ととらえるのが適切でしょう。

心学は、多くのところで宗教とは本質的に異なっています。「瞑想」は「内省」に、「宗教」は「精神的」に置き換えたほうが、より正確であるように思われます。

このような用語に関する不満を除けば、ベラーの説明は極めて的確です。心学を学んだ人々が、俗世を軽蔑し、そこから離脱することは考えられません。日常は、心学を学ぶ以前と同じように続けられます。

そして、重要なのは次の箇所でしょう。心学を学んだ人々は、「倹約と節約を毎日実行し、勤勉に仕事に献身する」ことになるのです。

倹約と勤勉。心学によってもたらされるのは、まずはこれです。**日常の行為の意味を知**

った人々は、倹約に励み、より勤勉となるのです。この倹約も勤勉も、普通に使われるそれらより深い意味を持ちますが、それは後ほど詳しく触れたいと思います。

他にも、心学が人々に付与する特質として、よく知られているものがあります。それを、ベラーはこのように説明していました。

梅巌は、利益の観念を、強く正当化し、同時に、正当な利益であるもの、また不正な利益の悪について、非常にはっきりした考えをもっている。彼が、正直の重要性を論ずるのも、なによりもまずこの問題であって、この正直という普遍主義的価値は、彼の思想において、最も広い意味をもっていた。正直に利益を得ることから、繁栄がもたらされ、不正な利益を得ることから、破滅がみちびかれる。

――『徳川時代の宗教』

ここでは、利益の問題について書かれていますが、今注目したいのは正直という徳のほうです。心学を修めることによって、倹約に励み、勤勉となり、そして正直な人が育成されました。**正直は、自分の身を助けるものであり、逆に不正は、自分の身を害するものと知るからです。**

倹約、勤勉、正直。この三つは、江戸時代という昔の話ではなく、現代においても、日本人の性質としてよくいわれることです。現代というのが多少厳しければ、少し前までは、こういった言葉を使って日本の労働者や企業は賞賛されていました。

これらの道徳が興味深いのは、禁欲的で強い克己心を必要とするものに見えながら、最終的には自身に利益を還元する点です。つまり、**倹約、勤勉、正直といった性質を備えた労働者は、国富を増大させると同時に自らも大きな利益を得ることが可能となるのです。**もちろんその利益は、金銭的なものに限られません。

ここまで進むと、ベラーがなぜ、石門心学と近代を関連づけて考えているかも、了解できることでしょう。

そう、石門心学は、結果として優秀な労働者を育て上げる思想なのです。そしてそれが、感覚を麻痺させて、人間を「労働する機械」に堕するようなものではないことに、注意したいと思います。むしろ、**日常の行為の意味を深く理解させ、個々の人生を豊かにしつつ、**

＊手島堵庵『前訓』より（著者所蔵）

図5　心学講義の様子

人に尊厳を与えるのが、石門心学だったのです。しかし、それと同時に、高い労働力を持つ人々を育て上げる点が、他の思想とは決定的に異なるところでした。

このような、道徳的に優れた労働者が多くいる国は、結果としてどうなるでしょうか。生産力が向上し、国富が増大することは、疑いの入れられないところです。少なくとも、経済的側面においては、「近代を迎え入れる土壌」を整備することになるのではないでしょうか。

日本経済の強みは「道徳力」にある

再び、現代に目を向けたいと思います。日本の経済が、このまま崩壊すると考えている人はほとんどいないはずです。しかし、日本の経済が非常に厳しい状況にあることを、否定することもまた難しいと思われます。一刻も早く、適切な方法を選択して、復活に向けて歩き出したい。われわれは今、今後を決する重要な地点に立っています。

日々、さまざまなメディアにおいて、経済の専門家が、彼らの考える「適切な方法」を提示し、その有効性を説いています。しかし、それらの多くに違和感があるのは、彼らの方法が、極めて「自然科学的」だからです。どの地域の、どの国であっても、通用する景気浮上策。それは、無菌状態を保持した研究室でのみ、効果が実証されている薬品のようです。

経済学的に見れば、高品質で低価格の商品は、より大きな需要を生み出します。公共事業への投資額を増やせば、雇用される人の数が増え、結果的に消費活動もより活発となるはずです。こういった話に、論理的な過ちを見つけることは難しいのではないでしょうか。数式のように完璧だからです。**しかしここには、歴史と文化という観点が欠落しています。**

同じ労働時間で、同じ賃金を得られるにしても、自分の所属する会社が社員をどう考え、社員が会社をどう考えているかによって、労働者の精神状態は大きく変化します。

もし、多額の給与が保障されていても、経営者が「社員など、いつでも交換可能な部品でしかない」と思うような会社であれば、社員の仕事へのモチベーションは下がるはずです。いや、たとえ下がらないにしても、日々の精神状態は、極めて厳しいものとなるように思われます。

資本主義が発展すれば、個人の能力が正当に評価される時代が到来し、優秀であれば莫大な賃金を提示されて、ヘッド・ハンティングされる。これが、真の自由な社会であり、先に見えるのは、何にも縛られない個人の時代なのだ。そのようなヴィジョンが、希望とともに語られたこともありました。しかし、今やこのような未来像は、典型的な「ディストピア」に思えます。

現在、日本で検討されている景気浮上策は、国際市場における日本の競争力を高めようとするものでもあります。それは、国富を増大させるという意味では、正解かも知れません。しかし、格差をさらに大きなものとして、予想もしていなかった新たな社会問題を、続々と発生させるものとなるでしょう。

一国の経済は、必ず歴史や文化と関連している。経済を経済のみで考えると、その先にあるのは、もはや日本ではありません。いや、正確には「国」ですらなくなるでしょう。それは、無色透明で、無味無臭の空間です。

たとえば、もし経済的な効率のみを追うのであれば、公用語は英語にするのがベストでしょう。英語を公用語にするどころか、むしろ、国内の言語を英語のみにして、日本語を消滅させたほうが間違いなく「効率的」です。

しかし、言語は文化と深くつながっています。日本語の消滅は、そのまま日本文化の破壊となることを理解しなくてはなりません。

それぞれの地域で、それぞれの歴史的文脈を考慮しながら、豊かさを目指すこと。言葉にすれば実にシンプルですが、実際には困難なこのことこそが、今という時代に求められているのです。

1990年代に入ってから、日本の大企業の多くは、可能な限り安価な労働力を求めて、さまざまな国に工場を移転させてきました。人件費を抑えれば、利益率が上がるからです。しかし、中国をはじめ、かつての非先進国が急激な経済成長を遂げると、適切な国が見当たらなくなって、日本に工場を戻すことも始めました。

しかし、根本の発想は変わっていません。非正規雇用の従業員を増やすことで、人件費を低くとどめ、それによって乗り切ろうという戦略が、次に登場しました。非正規雇用の比率を上げれば、人員調整も容易ですから、表層的、そして短期的にとらえれば、企業にとってはいいことづくめでしょう。

ただし、非正規として雇われた従業員たちは、企業への愛着も乏しく、常によりよい条件の求人を探すことになります。自由な企業と、自由な従業員の誕生です。かつては家族主義的といわれた日本の企業は、今や少数派となりました。

家族主義を是とする企業には、もちろんネガティヴな面もあります。かつてのイエ同様、家父長的なトップが従業員の上に威圧的に君臨することもあるからです。しかしながら、何らかの問題があるからという理由でもって、すべてをゼロに戻そうとするのは、賢明な行為とはいえないのではないでしょうか。

だから、もう一度熟考してみたいと思うのです。なぜ、日本は自力で近代化を迎え入れるための土壌を作り上げることができて、また、非西洋圏で最も早く、工業国として国際舞台に登場することができたのか。このことを、です。

これを考える際に大きなヒントとなるものが、間違いなく石門心学の中にあります。日本の経済の真の強みは、その道徳力にこそ秘められているからです。

第2章

道徳なしに市場なし

石田梅岩とアダム・スミス

法律さえ破らなければ何をしてもいいのか

決して褒められる方法ではないが、法に抵触しているわけではない——。

たとえば、投機的な株式の取引によって、偶発的に莫大な財産を得た人を前にしたとき、現代人の多くはこれに類するフレーズを発します。

気持ちでは少々納得できないところがあるが、ルールを破った行為ではない。だから、そのような儲け方も、批判するのは間違いだろう。われわれはこのような言葉を、多少の嫉妬を込めつつも、どこか空しい心持ちで紡ぐのです。

その一方で、自分の親しい人間は、できれば博打に近いような金儲けからは遠ざけたいと考えています。失敗した場合のリスクを案じてのことでもありますが、理由はそれに尽きないように思われます。一瞬の判断で大きな金額を得たり、失ったりするという刹那的な「仕事」そのものにも、どこか拒絶反応を起こしているのです。

しかし、情報技術の革新、ことにインターネットが人々の生活の隅々にまで入り込んで以来、世界はマネーゲームに急速に侵食され始めました。それは何も、株式の取引という場面のみに限定される話ではありません。株式会社の所有者は、株主です。大企業のほとんどは、だからマネーゲームから決定的な距離を置くことができません。

マネーゲームが力を持つ経済においては、人々の思考さえも、それに支配されることとなります。利益を得る際に最も重要なことは、「法律に抵触していないかどうか」です。たとえ、競争相手の油断やミスに付け込んで、それによって大金を獲得したとしても、法に触れないものなのであれば、公に問題とされることはありません。

感覚的に「これはあまりよくない手法かもしれない」と感じても、大きな儲けが期待できて、しかも法律上問題がない場合など、それを控えることは、「ビジネスパーソン」としての賢明な判断とはされないことでしょう。

道徳よりも法律、すなわちルールが最優先される社会。いわば、ルール至上主義が今の世の中を包み込んでいます。

ルール至上主義は、行為の判断基準を、人間の内部から消失させてしまいます。何が正しく、何が間違っているのか。この判断を、明文化されたルールに丸投げしてしまうのです。正邪善悪の判断、その外部委託とでもいうべき事態でしょう。

このようなルール至上主義は、マネーゲームに固有の問題ではありません。ルールにのっとり、終わりなき価格競争を行うこと。これが市場競争の本質であることを思い起こすとき、マネーゲームとは、極端なものであれ、その一局面でしかないものと解することができるはずです。

マネーゲームにみられる問題のかなりの部分は、市場競争のそれでもあります。そして、先ほどからみているルール至上主義は、まさに市場競争に付随する問題にほかなりません。市場競争は、短期的、そして局所的にみれば、冷酷に勝者と敗者が分かたれるものです。しかし、社会、国家、そして世界全体を鳥瞰すれば、より豊かになる未来を約束するシステムだとされています。そうだとすれば、市場競争に付随するルール至上主義も、決して頭ごなしに否定すべきものではないのかも知れません。

ただ、ルールに隷従し、価値判断までも外に投げ出した人間が生きる社会というのは、あまり麗しいものとはイメージできません。そもそも、ルール至上主義に操られる存在は、正しい意味において「人間」なのでしょうか。

　だから、ここで再考したいと思うのです。**果たして、市場原理は、ルール至上主義を必然的に招来するものなのでしょうか。人は、市場というシステムを保持するため、自己の内部にある道徳を投げ捨てて、ルールに盲従するべきなのでしょうか。**

　もし、ルール至上主義を是認しない限り、市場なる機構を保持し得ないのだとすれば、資本主義と人間は並存することすら困難であるといわなくてはならないはずです。

市場に参入する資格とは

　市場というシステムを説明する際に、必ず登場する名前があります。「経済学の父」との異名を取る、スコットランドの偉人アダム・スミス（1723〜1790年）です。経済学の入門に類する講義を一度でも受けたことのある人は、誰もが知っている人物でしょう。

　通常、市場原理とは、種々の財の過不足や偏りを自ら調整し、最適化する仕組みを意味

図6　アダム・スミス

するものです。資本主義経済は、この市場原理を白らの中枢に据えることで維持され、持続が可能となり、また成長を遂げるものと考えられています。

このシステムの最も優秀な点は、参加者はあくまで「自己の利益」を追求しているのにもかかわらず、そういった行為の蓄積が、最終的に「社会全体の利益」の増大をもたらすことです。企業や個人は、公共の利益などを志向していなくても、市場機構が人智を超えた力で調整してくれるというのです。この働きを、スミスは「見えざる手」と呼んでいます。

各人が社会全体の利益のために努力しようと考えているわけではないし、自分の努力がどれほど社会のためになっているかを知っているわけでもない。外国の労働よりも自国の労働を支えるのを選ぶのは、自分が安全に利益をあげられるようにするためにすぎない。生産物の価値がもっとも高くなるように労働を振り向けるのは、自分の利益を増やすことを意図しているからにすぎない。だがそれによって、その他の多くの場合と同じように、見えざる手に導かれて、自分がまったく意図していなかった目的を達成する動きを促進することになる。

――『国富論』

われわれの素朴な感覚からすれば、利己心剝き出しの人々が動き回ることで、結果的に社会全体が富むというのは、なんとも不思議に感じられます。それだけに、市場というシステムの神秘的な働きに感じ入ってしまうのでしょう。

スミスがこのような市場の説明を行ったのは、彼が1776年に出版した大著『国富論』においてでした。18世紀の後半といえば、ちょうどイギリスでは産業革命が起きていた時期で、生産が手工業から機械制大工業へ移行しつつある頃に相当します。市場の不思議な働きを明らかにするスミスの説明は、まさに時代の要請に応えたものといえるでしょう。

このような市場原理や、それを前提とした分業の意義を説いた『国富論』は、先にも述べたように、長らく経済学の「聖典」として扱われてきました。これに関して、私は一切の異議を唱える者ではありません。ただ一つだけ、少なくとも日本における経済学の教育において、『国富論』の取り扱い方には問題があったように感じています。

それはこの書が、スミスのもう一つの大著『道徳感情論』（1759年）の議論を前提としたものであることを、十分に意識してこなかったことです。もし『国富論』のみを読んで経済のことを知り、考えようとするならば、どうにも偏った市場観を自身の内に育ててしまう危険性があります。

市場というシステムに関する説明の箇所を、もう一度思い出してください。市場の参加者は、「自己の利益」だけを追い求めているのに、「見えざる手」に導かれ、彼らの行為の集積が「社会全体の利益」の増大につながると、『国富論』では説かれていました。これをそのまま鵜呑みにすれば、少なくともルールさえ遵守すれば、人はどこまでも「自己の利益」のみを求めて構わないことにならないでしょうか。

他の市場参加者のミスに付け込もうが、法に反していなければ問題はない。もしこれが是とされるのならば、極端な話、天災によって食料が不足した地域に出向いて、通常時より高額な食品を販売しても、批難されるべきではない、という解釈さえ可能となります。その行為は、決して法には触れていないからです。

それでは、スミス本人は、法は守るが私欲にまみれて傍若無人な者を、市場参入者として許容するのでしょうか。答えは断じて否、です。彼は『道徳感情論』において、社会における人間の在るべき姿を、実に丁寧に描いています。換言するならば、『道徳感情論』**とは、後年『国富論』で説かれる市場というシステムへの「参加資格」を提示する書だったのです。**

人間とは「共感」する生き物だ

『道徳感情論』において、スミスが市場への「参加資格」として説いた道徳は、基本的に、人間の本性を考察することによって「発見」されたものです。つまり、人為的な訓練によって獲得するべきものではなく、誰もが生来備えているもの、あるいは備えていて当然であるもの、なのです。
スミスは、人間の本性を突き詰めて考えていく中で、これだけは否定できないという、一つの性向を挙げています。それは、**人間が「共感」する生き物であるということです。**『道徳感情論』は、これに関する次のような言葉から開始されています。

人間というものをどれほど利己的とみなすとしても、なおその生まれ持った性質の中には他の人のことを心に懸けずにはいられない何らかの働きがあり、他人の幸福を目にする快さ以外に何も得るものがなくとも、その人たちの幸福を自分にとってなくてはならないと感じさせる。他人の不幸を目にしたり、状況を生々しく聞き知ったときに感じる憐憫や同情も、同じ種類のものである。

――『道徳感情論』

当たり前のようでいて、実に鋭い人間観察といわなくてはなりません。人間の性質を一つずつ剝がしていったときに、最後に残されるもの。それが、共感という機能だというわけです。

共感する生き物である人間は、人が幸せそうにしている様子を眺めて、自分も嬉しくなります。逆に、苦しんでいる人を見つけて、自分もつらくなったりします。

これは、必ずしも全員に共通するものではない、と反論する人がいるかもしれません。しかし、そういった人は、成長する過程で歪んでしまったことによって、共感の機能が曇らされたと考えるべきではないでしょうか。スミスのいう共感は、人が生まれながらに持つ性向であり、それは現実的に、世の大人が全員持っているとは限りません。

そして、人間本来の共感という機能から考えた際、どういった内容の道徳が広く是認されるべきなのでしょうか。

世界にはさまざまな国があり、さまざまな文化がある。それぞれの文化によって、正しいとされる道徳もまちまちです。そして、道徳というものは、時代によっても変化します。それにもかかわらず、「道徳とはこういうものだ」と、総括することが可能でしょうか。スミスは、それを果敢にもやってのけているのです。

共感という機能が人間の本性に根差すものであるとすれば、正しい道徳とは、その共感を得ることができるものといえるはずです。

人間の心は、友人の注視によっていくらかでも平静や落ち着きを取り戻せないほど混乱することはめったにない。友人の目にさらされた瞬間に、私たちの心はある程度まで鎮まっておだやかになる。自分の状況を相手はどう見るだろうかという考えがただちに浮かび、友人と同じ目で見始めるからだ。

――『道徳感情論』

適切な感情や行為とは、いったいどのようなものでしょうか。それは、自分以外の何者かから眺めた際に、共感できるものといえるはずです。過度であったり、変であったりしない感情や行為は、共感される資格を持つものなのです。

具体的に考えてみれば、これは決して難しい話ではありません。

たとえば、幼児が道で転倒するとします。その転倒によって膝を軽く擦り剝いていたとき、多くの幼児は泣くことでしょう。幼児が転んで泣くという行為、これはおそらく共感に値するものです。

しかし、これによって泣く時間が数分ならまだしも、数時間だったとしたら、どうでしょうか。非常に軽微な擦り傷で数時間泣き続けるという行為は、共感するのが難しいものとなるはずです。もし数分経っても泣き止まない幼児がいれば、その保護者は「おおげさ過ぎるよ」、「いい加減泣き止みなさいね」などといった言葉をかけると思われます。

幼児は、こういった自分の経験を重ねたり、他者の経験と周囲の反応を繰り返しみたりすることで、転倒して軽微な擦り傷を作ったとき、どういった感情や行為が適切なのか、つまり共感されるものなのかを学習していくことになるのです。

自分勝手な行為を慎む

今の例を、やや抽象的な物言いで表現するならば、次のようになります。

観察者が絶えず自分を当事者の立場に置いてみて当事者と似通った情を抱くように、当事者も絶えず自分を観察者の立場に置いてみて、自分の状況に対する彼らのある種の冷淡さを理解し、自分がそうやって冷ややかに見られていることを察する。自分が当事者であったらどう感じるだろうかと観察者が絶えず想像するように、当事者も、自分が観察者の一人にすぎなかったらどのように感じるだろうかと想像するよう絶えず導かれる。

──『道徳感情論』

こうして、人は共感されるべき感情や行為を、少しずつ学んでいくことになります。別の表現を用いるならば、それは自分の内に「中立的な観察者」を育成することでもあります。「中立的」というのは、自らと特別な利害関係のない、第三者のことです。

たとえば、先の幼児にとって、母親は「中立的な観察者」ではありません。母親は、わが子である幼児を、少なくとも他人よりは大切に思っているはずです。そのことから考えて、彼女の判断は、幼児に対して甘くなることが予想できるからです。

人が経験を積み、成長する中で「中立的な観察者」を自らの内に持つことができるようになれば、実際には周りに観察者が存在していなくても、感情や行為を適切なものにすることができるはずです。

スミスの考える社会人は、ただ成人の年齢に達していたり、仕事をしていたりする者のことではありません。それは、「中立的な観察者」を、自らの精神に正しく保持できている人間を、意味するものなのです。

そして、人間が道徳的に完成するには、これにもう一つ付け足さなければならない性質があります。それは、自己愛を抑制することです。

他人のことには深く心を動かし自分のことにはほとんど動かさないこと、利己心を抑え博愛心を発揮することこそが人間本性の完成にほかならない。このことだけが人々の間に感情と情念の調和をもたらし、礼節に適った適切なふるまいを成り立たせる。

――『道徳感情論』

これに続いて、スミスは「隣人を愛す以上に自分を愛してはならない」と、聖書の言い回しをもじって、述べています。

市場に参加する資格として要求されるのは、まずは自身の内に「中立的な観察者」を持っていることです。これは、人間本性の共感を元にした考え方であり、正しい環境の下で成長すれば、備えるのが困難な条件ではありません。

しかし、自己愛の抑制は、人間本性の中にみられるものなのでしょうか。実は、これも本性に属するものととらえられます。人間という生き物が、常に社会的な存在であることを知れば、これは無理なく解することができます。

人間は単独で生活することが、ほぼ不可能な生き物です。われわれの生命をつなぐための衣食住からして、他者の働きがあって、はじめてもたらされるものです。自らの衣服をゼロから製作し、食料を自ら調達し、住居を自力で建てる人間は、文明社会においてはただの一人もいません。人間が日々生活をして、発展していくためには、共同体が必要不可欠なのです。

ところで、共同体を維持するために、最も重要なことは何でしょうか。それは、自分勝手な行いをしないこと、です。たとえば、スポーツの団体競技を思い出してください。人が複数集まって、共同体を作り、何かを成し遂げようとするときに、最も必要なのはチームワークなのです。チームワークは調和によってもたらされ、調和は自分勝手な行為を慎むことによって実現するものです。

この自分勝手な振る舞いは、その多くが利己的な行為です。利己的な行為を止めるために、何より効果的なのは、自己愛を抑制すること、これにほかなりません。**自己愛の抑制は、つまり、共同体を作って生きる人間の、本質に関わることなのです。**

スミスは、市場というシステムの第一発見者のようにとらえられています。それは、おそらく正しいことでしょう。しかし、スミスは市場機構の秀逸さを説明しつつ、その危険性をも察知していたのです。このことを、後世の人々がしっかりと理解できていたかというと、大いに疑問です。

では、なぜスミスは市場参加者を、モラリストに限ろうとしたのでしょうか。

それは、**長期的に考えた場合、ルール至上主義者や、剝き出しの自己愛で行動する参加者は、市場というシステム自体を崩壊させるからです。**あるいは、市場を支える種々様々な共同体を破壊する、といってもよいでしょう。

共同体の破壊は、単独で生き抜くことのできない「人間という存在」の本性をも打ち砕くものであり、種としての人間の自死を意味するといっても、過言ではありません。

スミスの段階でここまで深く、丁寧に考えられていた市場と道徳の関係は、時間の経過とともに、少しずつ忘れられていったようです。特に、経済学が科学として洗練されていく過程で、決定的な問題が発生したように思われます。

いつの間にか、「自己の利益」のみを追求する市場参加者という表現は、文字通り極限まで、傍若無人に自利を探し求める人々を意味するようになってしまったからです。

かくして、市場というシステムを称揚する人も、批判する人も、ほとんどがスミスの『道徳感情論』の議論を踏まえないまま、声高に自己の主張を唱えるようになりました。水掛け論になるのも、仕方がありません。なぜなら、ルールに抵触しなければ好きに利益を追求してよい、などという経済は、今まで存在したことがないのですから。

梅岩は商人に道徳を説いた

日本の近世という時代が幸いだったのは、市場や経済全体に対する誤解が広まらない中で、経済の成長が遂行された点にあります。つまり、ルール至上主義や、文字通り「自己の利益」を最大化しようとする考え方が、一度も「正当なものである」と考えられることがないまま、近代化を迎え入れる土壌が整備されたのです。

いや正しくは、そういった考え方が是認されなかったからこそ、近代化を招来できる経済的条件を整えることができたというべきでしょう。

日本において、町民が力を持ち始め、貨幣経済が発達して消費が活発になるのは、おおむね元禄年間（1688〜1704年）と考えられています。ちょうどこの時期、経済の実情を商売の現場でつぶさに眺め、後に思想家に転じた梅岩は、経済と道徳の関係について、極めて明確に自己の意見を提示しています。

次に引くのは、梅岩が1739年に出版した『都鄙問答』の一節です。

商人で道を知らない者は、ただ貪ることだけをして家を滅ぼす。商人の道を知れば、欲心から離れ、仁心で努力するので、道に適って栄えることができるだろう。これが学問の徳というものである。

――『都鄙問答』

極めて短い文章ですが、ここには相当量の内容が込められているように思えます。

商人道、つまり商人のあるべき生き方を知らない者は、「貪ることだけ」をするというのは、どういうことでしょう。これは、欲望が止まることがなく、ただひたすら「自己の利益」を追求することに励む、という意味です。「家を滅ぼす」とは、文字通り「家」でも、あるいは商人の話なので「店」でも構いません。

以上を合わせれば、商業についての正しい知識を持ち合わせていないような者は、「自己の利益」をどこまでも追求し、結果、店を潰してしまう、という意味になります。

これは商人について書かれたことですが、梅岩の生きた時代において、商人は経済に最も関わることの多い人々でした。だから、梅岩の経済論の多くは、商人論の中で述べられているのです。

続く「欲心から離れ」は、欲望から距離を置く、程度の意味です。商人が欲望と距離を置く、というのは、現代人にとっては、やや不思議な感があるかも知れません。そして、続く「仁心」とは「人を思いやる心」のことであり、商人はこれを常に心掛けなければならないといっているのです。

最後に見える「学問」とは、文字通り勉強をするということですが、梅岩の時代において学問といえば、一番に儒学を意味しました。しかし、ここで指し示されている学問は、一般的な儒学を勉強することというより、もっと広く、さまざまな宗教や哲学の内容に触れること、と解釈してよいでしょう。このことは、また後ほど詳しく考えることとします。

しかし、十分に勉強をして、欲心を離れ、人を思いやるのが商人である、という教えは、実に厳しいようにも思えます。そして梅岩は、商人だけではなく、あらゆる職業の人々に、このような態度を奨励しました。先ほどの戒めは、経済に関わる際に限定されるものではなく、人生全般に通用するものなのです。

このような梅岩の考え方は、当時、非常に奇妙なものと思われたようです。『都鄙問答』においては、梅岩の意見に対して、「ある学者」がこのような言葉を投げ掛けるシーンがあります。

商人は貪欲な者が多く、常に貪ることを仕事としている。そのような者に無欲であれと教えるのは、猫に鰹の番をさせるのと同じだろう。商人たちに学問を勧めることは、前後の辻褄が合わないことである。そのできないことを知っていて教えるなんて、あなたは悪者なのではないか。

――『都鄙問答』

この意見は、当時の商人がどのような環境に置かれていたかを、如実に語るものといえます。同時代の多くの人々は、商人は文字通り「欲望の塊」であると考えていたのです。そして、彼らの仕事は、卑賤なものとさえとらえられていました。その理由については、次章で詳しく考えたいと思います。

先ほどの引用で、「ある学者」は、商人に無欲を推奨するなど、猫に鰹の番をさせるようなものだ、とユーモラスなたとえで批判していました。そして同時に、そういった無欲を養成するため、つまり「自己の利益」を追求する気持ちを抑えるために、学問を勧めることなど、正しい人間の行いではない、とまでいっています。

しかし、梅岩はこのような意見に、真っ向から反対しました。**彼は、商業に関わる人間**

が正しい学問を修めることによって、自身の仕事に正しく向かい合うことができ、労働の質をより向上させることとさえできると信じていました。

本当の学問とは、知識量を増やすようなものではありません。人生や社会に対する正当な見方を獲得し、日々の実践に落とし込めるような「知恵」の獲得を目標とするものなのです。そう、それはいわゆる道徳、あるいは道徳哲学に極めて近いものといえるでしょう。

それでは、梅岩にとって、商人、つまり経済に深く関わる人間が備えるべき道徳とは、どのようなものであり、何を根拠とするものだったのでしょうか。

道徳は人間の本性にある

スミスは、道徳論を人間の本性を考えることから始めましたが、梅岩もこれとまったく同じ手順を踏んでいます。つまり、何が適切な感情であり、行為であるかを、人間の本性から根拠づけようと考えたのです。

学問において最も大切なのは、心を尽くして性を知り、性を知れば天をも知るということである。天を知るならば、天はそのまま、孔子や孟子の心であるとわかるはずだ。孔子や孟子の心を知れば、宋学の儒者たちの心とも一致していると認識できるはずである。心が同じだからこそ、注釈も自然と合致するのだ。心を知るとき、天の理はその中に備わっている。その天の命に従って行動する以外、他に大切なことはないだろう。

――『都鄙問答』

梅岩も人の本性を、徹底的に考え抜きました。彼が用いた語は、「本性」ではなく「性」ですが、ほぼ同義です。人の本性とはどのようなものか、これを考究する中で、道徳論も語られることとなるのです。

江戸時代の思想と聞くと、現代人は非合理なものと判断しがちです。しかし、梅岩の思想は、基本的に理詰めであり、今に生きるわれわれが聞いても、十分に納得できる論理で構成されていました。

彼は、学問というものの役割を、現実的な心を「性に戻す」こととととらえました。性は本性であり、生まれながらの赤子の心でもあります。人の心が性に至ったとき、感情や行為は、真の意味で適切なものとなる。これが、梅岩の道徳論の中心にありました。

しかし、先ほど引いた文の「性を知れば天をも知る」の箇所は、一体何を意味しているのでしょうか。天とは、辞書的にいえば「すべてを支配するもの」を意味する語ですが、ここでは、もっとわかりやすく「世界全体」という言葉に換えても問題ありません。

人の心が本来態である性に至れば、それは天を知ることにもつながる。この主張の基盤となっているのは、人間の性の原理と、天の原理、その二つが同じであるという認識です。原理は単純に「理」ともいわれ、儒学、特に朱子学派の中で重視された概念でした。梅岩は、朱子学も徹底的に研究した上で、人の本来の「心＝性」と、「世界全体＝天」の理が、同じであるという主張に至ったわけです。

やや抽象的な議論となってきたので、一度、実践面に話を戻します。梅岩の学の目標が、性の獲得であり、それが天の理と通ずるものであるというとき、言外に主張されているのは、個の超越であり、利己主義の放棄なのです。それは、心が「自己の利益」に惑わされている段階は、道徳的に稚拙とされるからです。

経済活動を行う人間の心は、天と通ずる段階に至ることが目標とされ、これがもし達成されるならば、その者の活動は「自己の利益」ではなく「世界全体」の利益を志向するものとなるはずである。そう、梅岩は考えました。

性に至った人間の心は、天の理を感得し、「天はそのまま、孔子や孟子の心であるとわかる」と、梅岩は述べています。孔子や孟子といった歴史上の偉人の心と、自身の心が同一になる、と主張しているのです。

孔子や孟子のような偉人は、梅岩のいう性を知る状態に至っているはずです。天の理と彼らの性の理は一致しているわけですから、われわれの心も、性を知る段階に至れば、孔子や孟子と同じの理を感得できる、ということになるのでしょう。

梅岩は、そういった伝説的な偉人と同じ心を獲得することを、自身の学問の目標としている節があります。偉人と同じ心というとき、そこに「彼らと同程度の知識量」などという意味は含んでいません。彼らと同じように、世界全体の理を得て、それに従うことによって、自己愛を超越することが求められているのです。

学問の道もまた、こういったものだ。理を極めて、天の道と聖人の心を世界に通用させることを重宝するものである。『易経』にあるように、聖人は「理を究めて性を尽くし、天命に至った」のである。これが、昔も今も通用する宝なのだ。この理を知るということを、学問の根本であると悟りなさい。

――『都鄙問答』

人は性を知ることを目標として学問に打ち込まなくてはならず、性は天と同一の原理を宿したものであると、知っておく必要がある。儒学の用語で語ると、ややわかりにくいと思われそうですが、内容自体は決して難解なものではありません。梅岩の考え方は、少なくとも経済活動においていえば、スミスのそれに極めてよく似た意味と効果を持っているものです。

つまり、**彼らの思想はともに、人間本性を根拠として自己愛を抑制させ、傍若無人に「自己の利益」を追求する行為を、否定するものなのです。**

すべての行為は公共のために

もちろん、梅岩とスミスで、異なる点もあります。その第一は、経済活動において、「何を意識するか」、あるいは、「何を意識しなくてよいか」というものです。

スミスは、市場の驚くべき機能として、「見えざる手」を挙げています。これは、私益を追求している「モラリスト」の行為の蓄積を、国富の増大へとつなげるものでした。ここからいえることとは、たとえ自分のみならず、全体の利益、たとえば国富の増大を願っていたとしても、個々の経済的行為の際に特別それを意識する必要はない、ということになります。つまり、スミスの道徳論においては、公共の利益を増大させることを、常時意識しなくても大丈夫ということになるでしょう。

それに対して、梅岩の道徳論はかなり厳しいのです。彼は、すべての行為が、公共の利益を追求するものとなることを要求しているからです。

欲心をなくして、一銭の無駄を惜しまなくてはならない。青砥左衛門は、十文銭をなくして、天下のためと思い五十文を使ってそれを探したというが、その心を十分に理解すべきである。このようにすれば、天下公の倹約ともなり、天命に合致して福を得ることだろう。福を得て万民を安心させることができるならば、それは天下の百姓と呼ばれるものであって、常日頃から天下の泰平を祈ることと同じ意義を持つものである。

――『都鄙問答』

文中にある「青砥左衛門」とは、鎌倉時代中期の武士・青砥藤綱《あおとふじつな》のことです。彼は、左衛門尉《さえもんのじょう》の官職にあったことから、青砥左衛門とも呼ばれることがあります。彼については、『太平記』などによって数々の逸話が伝わっていますが、ここで梅岩が言及しているのは、次のような話です。

ある日、鎌倉にある滑川《なめりかわ》の川辺を、部下を伴って歩いていたとき、彼は誤って10文銭を川に落としてしまいます。急いで部下たちに川の中を探させましたが、なかなか発見することができません。そうこうするうちに、日が暮れ、辺りが暗くなってきました。さすがの青砥もこれであきらめるかと思いきや、50文を部下に渡し、町でたいまつを買ってくるよう命じたのです。たいまつを灯して、捜索活動を続けようと考えていたわけです。

それからしばらく経って、たいまつの明かりのおかげで、10文銭は発見されました。それは確かによいことかも知れませんが、10文を探すために50文を費やしたことについては、どう考えれば正解なのでしょうか。40文の損失だから、青砥の行為は愚かしいものだと判断すべきなのでしょうか。

捜索活動が終わった後、青砥は部下に次のように話したといいます。すなわち、「もし自分が川底に沈んだ10文銭をあきらめていたら、天下から永遠に10文が失われてしまったことだろう。もしそうなったら、自分は天下に申し分が立たない。それに対して、費やした50文は、町の人々のものになっただけで、失われてはいない。だから、自分の行為は一切間違っていないのだ」、と。

梅岩は、この青砥の行為を、高く評価しています。その理由は、彼が「自己の利益」にとらわれず、世の中全体のことを考えて行動したからにほかなりません。梅岩は、性によって突き動かされる正しい行為とは、常に「天下公」、すなわち公共のことを意識するものでなくてはならない、と主張しています。

先ほどの引用箇所における「天下公の倹約」とは、いわゆる節約の意味もありますが、実はそれだけに尽きないものです。後に触れるように、梅岩の語る倹約は、通常より一段深い哲学的意味を有するものだったからです。

青砥の行為は、経済活動や商行為とは、少し違うものでしょう。しかし梅岩は、経済活動に関しても、「天下公」のことを常に意識しなくてはならない、と主張しています。それは、スミスのように「見えざる手」を信頼する姿勢とは、大いに異なるものです。**自らの精神で「自己の利益」を抑え、常に「天下公」の福利を願い、その実現につながる行いに励むこと。これが、梅岩の考える道徳だったのです。**

そして、「天命に合致して福を得る」というフレーズに込められたものは、極めて重いものです。これは、換言すれば「天の命ずるところに合致することによって、自らの幸福を得る」とでもなるものですが、どちらにしても、意味が解しづらい文ではあります。

天には理があり、それは大原則とでも表現できるものです。一方、人間の本性にも理があり、何らかの努力の結果、自身の心を本性に「戻す」ことができれば、自分の心と天は同じ理を備えることになるわけです。梅岩のこの説にのっとれば、天の理に合う感情や行為は、「より自然なもの」と考えることができるはずでしょう。それらが、人間本来のものだからです。

人間本来の感情や行為に励むことは、梅岩にとって幸福そのものと感じられるものでした。だからこそ、天命に従うことが、幸福の獲得につながると語っているのです。

梅岩とスミスの道徳論は極めてよく似ていますが、特に、道徳を考える際、人間本性についての洞察から始めている点は、まったく同じでした。つまり、「人間とは本来どのような存在か」という、実に汎時代的な問い掛けを、議論の出発点としていたのです。

そして、両者とも「自己の利益」を追い求めることに対し、程度の差はあれ、抑制を要求していました。ゆえに、ルール至上主義に類する考え方については、ともに強く否定するのです。

両者の道徳論において、最も大きなポイントとなるのは、共同体に対する考え方でしょう。梅岩もスミスも、「個人」対「共同体」という、わかりやすい分割を認めていません。それは、個人は共同体なくしては、生存すらできないからです。「共同体に先立つ個人」というのは、あくまで抽象論でしかなく、現実の人間を語る上では有効性を欠いています。

第3章
商業は正直から始まる

江戸時代、商人は賤しい存在とされていた

江戸時代の身分制度は、よく「士農工商」という四文字で表現されます。これをみると、商業に携わる人々、つまり商人は最も下に置かれていることがわかります。なぜ、商人が一番下に据えられているのでしょうか。

比較的最近になって、この四民は士と農工商の分割、すなわち「支配階級」と「被支配階級」の分割を示すものであって、農工商の中での扱いの優劣はなかったという、研究者の共通了解ができあがってきました。

確かに、歴史的事実として、農工商間に「政治的な差別」は確認できません。だとすれば、商人が最も下に置かれていることに、大きな意味はなかったと考えてよいのでしょうか。実は、単純にそう断言することもできないように思うのです。

元々は古代中国において使用されていた士農工商という語を、日本に「そのままの順序で」輸入したことには、次のような認識があったとされます。すなわち、農工商の農は「人間にとって最も重要な食の生産」、そして「工は生活に必要な物の生産」に携わっていますが、商は「いかなる生産にも携わっていない」、というものです。

生産に携わっていないこと。それが、商業という仕事を、他の三つのものに比べて重要度が低いもの、ととらえる根拠となっていたようです。これは、当時の思想家、特に儒者たちの書を読むことで明らかになります。

柳沢吉保《やなぎさわよしやす》（1658～1714年）や徳川吉宗（1684～1751年）に重用された、江戸時代中期を代表する儒者の荻生徂徠《おぎゅうそらい》（1666～1728年）は、『政談』の中で次のように述べています。

商人が勢いづいているようだが、彼らの心というものは、職人や百姓とは違い、元々骨を折らずに座ったまま利益を獲得しようと考えるものである。また、更に巧みな儲け方なども見付けたようで、商い自体をせず、ただ手数料を取るだけの仕事などもしている。こういうことが近年ますます巧妙になってきていて、同業組合を作って党派

図7　荻生徂徠

を組み、元締になることで座ったまま金儲けをしている。結果、経費もどんどん莫大なものになって、物の値段が下がらなくなった。これらは商人の妙術なので、奉行や役人も内情を理解できていないようだ。

――『政談』

徂徠がここで述べていることを簡単にまとめれば、商人は職人や農民と違い、怠けて儲けようと考えており、一切自分の手をわずらわせることなく手数料で稼いだり、同業組合の元締めになることで儲けたりしており、結果、物の値段が高騰している、といったところになるでしょう。

物価の高騰というものは、商人が物の値段に「自己の利益」分を入れ込むという「妙術」を行っているためだと、と徂徠は指摘しています。

強烈な批判です。いや、これは批判なのでしょうか。偏見に基づく、蔑視ととらえたほうが適切な言説です。難解な儒学に深く通じていた徂徠であっても、実際の商業に関しては、この程度の認識しか持てなかったことは驚くべきことではないでしょうか。彼は、商人など詐欺師同然である、と考えていたようです。

商人を「骨を折らずに座ったまま利益を獲得しようと考える」者とした根拠は、やはり「いかなる生産にも携わっていない」という、極めて表層的な観察からきたものでしょう。**徂徠ほどの学者であっても、商業の社会的役割、そして経済というものの本質は、まったくみえていませんでした。**この時代に、客観的に商業を分析することが、どれほど困難なことだったか、痛感させられます。

前章では、「ある学者」が梅岩に対し、商人とは「貪ることを仕事としている」と発言したという、『都鄙問答』の一節を紹介しました。それは徂徠ほど偏見に満ちたものではありませんでしたが、それでも、商業に意義を認めず、商人の存在を否定する点では共通していました。

徂徠と「ある学者」による、商人への批判。これらは、極めて重要な二つの事実をわれわれに教えてくれます。一つは、政治的な差別はなかったとしても、商人はまったく尊敬されていなかったこと。もう一つは、売買によって「自己の利益」を得るのは、批判の対象となる行為だったこと、です。

江戸時代の中期において、売買によって「自己の利益」を追求することは、なぜ卑しい行為と考えられていたのでしょうか。それは先にも触れたように、農工商の中で、商人のみが「何物も生み出さない存在」だと、多くの人が思い込んでいたからです。

武士は共同体の維持と安定に励み、庶民は物を生み出す。それが、人間の正しい生き方と信じられていました。目に見える物を産出しない商業は、だからこそ批判の対象となったのです。しかし、それではなぜ商人は絶えることなく、世の中に存在していたのでしょうか。これに関して、冷静な説明を行おうと試みたのが、梅岩だったのです。

商人道とはどうあるべきか

梅岩の主著『都鄙問答』は、基本的に問答によって構成されています。西洋哲学では、プラトンの本が「対話編」と呼ばれますが、あの形式に極めて近いものです。収められた問答に登場するのは、必ずしも実在の人物ではなかったようですが、内容的には、梅岩と親しい門弟とが実際に議論したものをベースにしていると考えられています。

『都鄙問答』の内容は、実に多岐にわたっています。その中で、最も注目され、評価されてきたのは、商業や経済についての考えが開示されている箇所です。たとえば、「商人の道を問うの段」を、当時の商人が置かれていた状況を考えながら読むと、梅岩が偏見に対して確信を持って闘いを挑んでいることがよくわかります。

その「商人の道を問うの段」は、このような質問から始まっています。

売買を常日頃より自らの仕事としながら、何が商人の道にかなっているのか、まったくわかっていない。どういうことを大切にして、売買の仕事をするのが適切なのだろうか。

――『都鄙問答』

この質問者は、つまり「商人道とはどうあるべきか」を訊いているのでしょう。商人は、

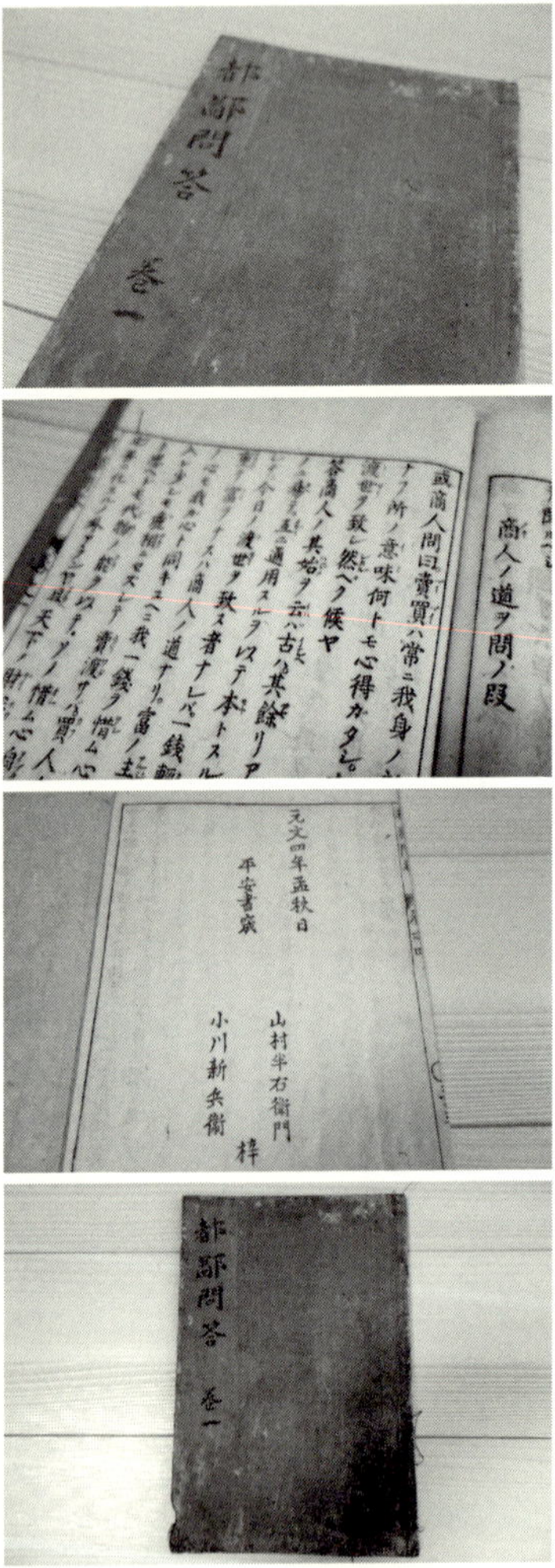

図8　1739(元文4)年刊行の『都鄙問答』(著者所蔵)

日々何を心掛けて生きるのが適切なのか、それが知りたくて梅岩のところにきたようです。

「商人など、何も生み出さず貪っているだけだ」という偏見が、社会の隅々にまで染み渡っている時代に、それでも商人として生きていくこと。これは、われわれが想像する以上につらいものだったに違いありません。

長く商業の世界に生きて、その世界で十分に実績を上げ、そして思想家に転じた梅岩の下には、実際にこういった相談が多く寄せられていたはずです。

先ほどの質問に対し、梅岩はこのように答えています。


商人の起源からいうと、昔は、余っているものを足りないものと交換して、相互に物を流通することが、目的だったのだろう。商人は精密に計算をしながら、今の世で仕事をするものなので、一銭も軽んじることがあってはならない。こういったことを重んじて、財産を成すことが、商人の道である。

——『都鄙問答』

梅岩は、商人道を説く際に、商業の起源から話を始めます。彼の考察によれば、商業とは「余っているもの」を「足りないもの」と交換することから始まった、ということになります。つまり商業の本質は、物の「交換」と「流通」にあるのでしょう。これだけでも、社会的な意義の高い仕事であることがわかります。

引き続いて梅岩は、商人にとっての心掛けを説きます。まず、「精密に計算」するということが業務上大切であり、一銭といえども軽視してはいけない。これを一日たりとも忘れることなく励み、結果として「財産を成すこと」が正しい生き方である、と梅岩は述べています。

今に生きるわれわれからしても、実に納得できる説明ではないでしょうか。そして、ここでよくよく憶えておきたいのが、梅岩は最終的に、商業によって「財産を成すこと」は、一切問題ではないと考えていることです。

「商人の道を問うの段」において、梅岩が開示している商業に対する考え方を、もう少しみてみましょう。

財産の元は天下の人々である。彼らの心も自分の心と同じなので、一銭すらも惜しむ気持ちがあることを推測できるだろう。

商品に心を込め、少しも粗雑にせず売り渡せば、買う人もはじめは「お金が惜しい」と思うにしても、商品が良質であることから、その惜しむ気持ちがなくなっていくはずである。惜しむ気持ちをなくすことは、人々を善導することを意味するものだ。天下の財貨を流通させて、すべての人々を安心させることができれば、「四季が交代して、すべての生き物が自然に養われる」ということと同じく、理に適っている。このようにして、財産が山のようになったとしても、それは欲心と表現すべきではない。

――『都鄙問答』

「彼らの心も自分の心と同じなので、一銭すらも惜しむ気持ちがあることを推測できる」という箇所は、梅岩の思想において極めて重要な意味を持っています。

まず、商人の財産の元になるのは、世の中の人々であることを述べた後に、その人々の心と自らの心は同じであると説いています。先ほど触れたように、商人は細かく計算し、一銭も無駄にしない存在であることが理想です。その心掛けを忘れず、商品に念を込めて、大切に販売せよと、梅岩は説いています。

最後に、このようなことを付け加えています。世の中に財を流通させて、人々の心を満足させるのが商業なのですが、それはまるで四季が移ろい、その下で生きとし生ける者が養われるようなものである、と。

そう、**梅岩は正しい商業を、「自然の摂理」と同じようにとらえているのです。このような正しい商行為によって、仮に私財が山のように築かれたとしても、彼は一切問題がないと断言しています。**

共感される商行為をせよ

それでは、先ほど触れた箇所、「主人の心も自分の心と同じなので、一銭すらも惜しむ気持ちがあることを推測できる」というものは、なぜ重要なのでしょうか。それは、梅岩が商行為において、「共感」というものを重んじていることが、明言されているからです。

これは逆にいえば、商人は世の人々に共感されるような感情と行為を心掛けて、仕事をしなくてはならない、ということでもあります。一銭をも惜しむ姿は、万民から共感されるべきものと梅岩は信じていましたが、それは青砥左衛門の故事にもあったように、金銭を含めた財とは、本質的には自身が所有する物ではなく、世の中の物であるという認識からきたものでしょう。

商人の力によって実現する流通を、梅岩は四季の移ろいに喩えていましたが、ここにも彼の思想を一貫する考え方が窺えます。自然の摂理と、人間の社会の原理は、本来は一致するべきものであるとする哲学が、彼にはあります。そして、正しい商行為にも、その理が備わっていると信じていたのです。

商行為が、自然の摂理のように、正しく本来あるべき形で行われたとき、手元に入ってくる利益がどれほど莫大なものであっても、梅岩は「問題なし」としていました。その利益は、「自己の利益」を追い求める感情と行為によって獲得されたものではないからです。

梅岩にとっては、「正しい財産」と「正しくない財産」がありましたが、その判断は、財産を獲得した商人の心が、どのような状態であったかに大きく左右されます。

商人といっても、聖人の道を知らなければ、同じように金銀を儲けるにしても、不義の金銀を儲けることになるので、やがて子孫も絶えてしまうだろう。本当に子孫を愛するのならば、道を学んで栄えることを目指すべきである。

――『都鄙問答』

世の中の人々に共感される商行為によって財を成せば、家は栄えて、子孫が絶えることもない。この後半を現代の感覚でいい直せば、「会社は成長し、いつまでも繁栄することだろう」のようになるでしょう。

共感というのは、スミスの道徳哲学にとって鍵となるポイントでしたが、これは梅岩にとってもまったく同じなのです。『都鄙問答』には、息子を医者にしたいという人が、梅岩に「医者とはどうあるべきか」と問い掛ける箇所があります。梅岩は、自分は医業に詳しくないことを断りつつ、このように答えています。

第一に、医学に専念すべきである。医書の内容をしっかり理解せずに、他人の命を預かる仕事をするのは恐るべきことだ。自分の命が惜しいということを考えて、他人もそうであると推察する。そうすれば、病人を預かっている間は、一時も心が緩慢になりはしないはずだ。たとえば、自分に頭痛があったり腹痛があったりするときは、少しの間であっても我慢できないものだろう。その我慢できないことを知れば、他人の病をみて自分の病のように思い、心を尽くして治療にあたれば、ただの一夜も安心して寝ることはできないだろう。

――『都鄙問答』

頭痛や腹痛は、誰にとっても、大変つらいものです。そのつらいという気持ちは、痛みの当事者であれば、説明などされなくても当然わかります。しかし、他人のつらい気持ちというのは、努力しない限り、理解することができません。

だから梅岩は、医者にとって何より必要なものとは、「他人の病をみて自分の病のように思」う能力、つまり「共感することのできる心」であると力説するのです。

他人の痛みを、自分の経験したことのある痛みから想像し、共感し、痛みを分かち合うこと。それは、誰にでも容易にできることではありません。しかし、共感する能力とは、逆に「何が共感されるのか」ということを、見極める能力にもつながるということは、憶えておくべきでしょう。

商人に必要なものも、医者と一切変わりがありません。共感する能力は、人間にとって、すべての感情と行為の基盤になるべきものであり、社会に生きる以上、万人にとって最も重要な属性の一つなのです。

「商人の利は武士の禄に同じ」

交換と流通の機能を持つ商業は、社会にとって必要不可欠なものですから、共感される正しい商行為を、卑しいものととらえる合理的理由は、どこにも存在しません。しかしながら、事実として、江戸時代中期、商業は偏見の目でみられていました。

梅岩は、この状況を理屈によって改善しようと奮闘しました。彼はさまざまな表現で商人の立場を擁護しましたが、その中で最も有名なものは「商人が売買で得る利は、武士の禄と同じ」という一節でしょう。これはつまり、武士が主君から与えられる給料と、商人が売買で獲得する利益は、同質のものである、という主張です。四民の最も上に立つ武士を引き合いに出して、商人を語ることは、当時の常識から考えると、普通のことではありませんでした。

物を売ることで利益を得るのは商人の道である。原価で売るのが道であるということなど、聞いたことがない。売利を欲であるといって、道に適うものでないというのならば、孔子はなぜ子貢を弟子にしたのだろうか。子貢は、孔子の道を売買に応用したのだ。子貢も売買の利益がなかったら、富むことはなかっただろう。商人が売買で得る利は、武士の禄と同じである。売買の利益がないというのは、武士に給料がないのと同じなのだ。

——『都鄙問答』

文中の子貢《しこう》とは、「孔門の十哲」と呼ばれる孔子の優れた弟子の一人で、商売にも高い才能があり、富裕であったことで有名な人物です。梅岩が、ここでわざわざ孔子の弟子の名前を出しているのは、当時、商業に最も激しい攻撃を加えていたのが、儒者だったからです。儒者は商業を否定していますが、その祖である孔子は、商業に才のあった子貢を弟子に取っています。これは、孔子が商業自体を批判的にとらえていなかったことの証拠になるはずだ、ということでしょう。

そして、「商人が売買で得る利は、武士の禄と同じ」に続くのが、「売買の利益がないというのは、武士に給料がないのと同じ」というフレーズです。もし、商人が売買で利益を受け取らないのであれば、それは武士が給料なしに主君に仕えるのと同じである、という主張です。

武士が俸禄を受け取らないというのは、ただ無給で仕事をするということを意味するものではありません。俸禄の拒否は、礼を失する行為なのです。つまり、主君への侮辱にほかなりません。

梅岩は、商人が利益を得ないのも、侮辱行為であると考えていました。では、いったい何に対しての侮辱でしょうか。それは、天の理にほかなりません。**売買の利を受け取らないことは、四季の移ろいと同様である商行為の否定であり、それは摂理の、あるいは原理への背信なのです。**あるべき姿に従わない、傲慢であるともいえます。

だから、武士が俸禄を受けるのは、欲心からではありません。欲心とは、「自己の利益」を過剰に求める気持ちのことです。彼らは、礼に従って、主君から給料をもらっているに過ぎません。つまりそれは、道にかなった行為です。

商業における利益も、これとまったく同じであるというのが、梅岩の意見でした。欲心ではなく、礼、すなわち社会や人間の関係性を尊重することこそが、売買の理を獲得する根拠となっているわけです。

「原価で売るのが道であるということなど、聞いたことがない」というのは、以上のことを解して、初めて真意が判明する言葉です。仕入れ値で売るという行為は、礼を失し、理にのっとらないものです。もしそれを強要すれば、商人は貧窮し、商業は廃れ、物流が滞って、社会が滅ぶに違いありません。生物でたとえれば、それは血管が詰まって、血が流れなくなってしまうことに相当します。

『易経』でいわれるように、「物資を売ることが商売である」。だから、商品を売るということの中に、禄が含まれていることを知るべきだろう。この理由で、商人は左の物を右に渡すだけでも、すぐに利益を取るのだ。不正をして取るのではない。品物の斡旋ばかりをする商人を問屋という。問屋が手数料を取ることは、店に書き出してあることなので、誰もがみるものだろう。鏡に物を映すように明白なことで、隠すことではない。正しく利益を取っていることの証明である。商人は正直に利益を取ることによって立ち行くものだ。ただちに利益を取るのが、商人にとっての正直なのである。利を取らないのは、商人の道ではない。

——『都鄙問答』

梅岩は、特に『都鄙問答』において、いわゆる古典からの引用を頻繁に行なっていますが、これは自身の教養を自慢しようとしてのことではありません。権威ある古典の言葉で商業を擁護して、自身の考えに説得力を持たせるためでした。古典の引用などをなくしては、商業を擁護する意見など、誰も聞いてくれなかったのです。

『易経』の引用に続けて、梅岩はいっています。商人は、「左の物を右に渡すだけでも、すぐに利益を取る」ものだが、これは一切不正なことではない、と。

「左の物を右に渡す」というのは、まさに流通のことです。流通に携わる仕事で利益を得るのは、今なら一切おかしな話ではありません。しかし当時は、それが何か形あるものを生み出す行いではないという理由で、批判の対象となっていたのです。

次の問屋の話は、まるで本章の冒頭で紹介した、荻生徂徠の言葉への反論のようにも響きます。徂徠は、「商い自体をせず、ただ手数料を取るだけの仕事」と述べて、手数料を取って生活する商人を罵っていました。

徂徠はこれを「妙術」などと表現していましたが、梅岩は、問屋が手数料を取ることは、店にはっきり書き出しており、誰でも知ることのできることであって、隠し事ですらないと主張しています。むしろ、問屋という「左の物を右に渡す」仕事に関して、明示した手数料を頂戴する、ということを言明しているのだから、これ以上に明朗な態度はないと思われます。

梅岩は市場原理を見通していた

梅岩が商業について深く考究した理由は、やはり自分に商業の世界で長い年月を過ごした経験があったからでしょう。彼は通算20年以上、商店で働き、その中でさまざまなものを目にし、さまざまなことを耳にしました。

そこから得られた結論は、世の商人への批判は、まったくお門違いだということです。「正しく生きている商人」には、何もやましいことなどなかったのです。

商人の経験は、思想家としての梅岩に、同時代の他の儒学者たちには到達しようもなかった知見を与えました。それは市場というシステムの認識であり、その原理の理解です。

彼と同時代に生きた人々が商人を批判する際、商品の価格変動を問題として挙げることがよくありました。価格の変動というのは、商人が「自己の利益」分を、恣意的に変更することによって起こっていると思われていたからです。もしこれが正しければ、商品の価格が不安定なのは、商人の欲心によるもの、ということになります。

このような批判に対し、梅岩は驚くべき説明を行ないました。つまり、商品の価格とは、市場競争によって変動するものと説いたのです。

売り物は、そのときの相場によって、銀百匁で仕入れたものが九十匁でなければ売れないことがある。これでは、原価割れとなってしまう。なので、百匁で購入したものを百二、三十匁で売ることもある。相場の上がるときには強気になり、下がるときには弱気になる。これは天の為すところであって、商人の私ではない。公定価格の物以外は、時々によって価格の上下がある。そして、このように価格の上下があるのは、通常のことである。今朝まで一両で一石買えた米が、いつの間にか九斗しか買えなくなっていることもある。小判の価値が下がって米の価値が上がったり、また小判の価値が上がって米の価値が下がったりすることがある。天下で一番大切な売り物でさえ、こうなのだ。それ以外の売り物も、相場の上下はあるのが当然である。

――『都鄙問答』

商売の世界には相場というものがあり、銀100匁《もんめ》で仕入れた商品が、90匁でしか売れないときもありますが、これでは商人が損失を被ってしまいます。そういった場合に備えて、120匁や130匁で販売することもあるわけです。そして、この相場は「天の為すところ」であって、決して「商人の私」ではないと、梅岩は説明しています。

価格の変動は、商人の思惑に左右されるものなどではありません。むしろ、商人は相場の変動を常日頃から警戒し、万が一急激な価格の下落があっても破産しなくて済むよう、商品価格にはある程度以上の利益を含めようとするのです。

このような梅岩の説明は、現代からみても、無理がなく、的確なものと思われます。特に、市場価格が人智を超えたものであることを明確に説いているところに、彼の洞察力の鋭さが現れているようです。

市場が、商人個人の力をはるかに凌駕する力を持つものであると知れば、梅岩による次のような説明も、一切不自然には感じられないはずです。

一人だけ世の中の他の商人に背いて、原価はこれ、利益はこれと区別するのは難しいことである。嘘ではない。これを嘘だというのならば、売買というものが成立しないことだろう。

売買が成立できなければ、買う人には不便になり、売る人は売れなくなる。そのような状況になれば、商人は仕事がなくなり、農工となるだろう。商人が全員、農工となってしまえば、物資を流通させる者がいなくなり、万民が難儀することだろう。

――『都鄙問答』

もし、世の人が商人に対し、この「商品の原価はこの程度で、自分が上乗せした利益はこの程度」のような表示を義務付けるようなことになってしまえば、商業は崩壊するでしょう。梅岩は、市場競争によって価格が決まることと、米のように重要な商品であっても価格変動から逃れられないことを説明した後、こう結論づけています。

徂徠のように、商品の価格は商人の欲心によって決定されていると考える人々が主流だった時代に、ここまで明瞭に価格や市場について理解していた思想家がいたことに、驚きを禁じ得ません。

「二重の利」を取るな

ここまでの話だけでも、梅岩は商人を「高く評価している」ように思われるかもしれません。しかし、それは実は正しくないのです。梅岩は、当然のことしか主張していません。商人が他の階級の人々に比べ、高い重要度を持っているなどと、彼は一度たりとも説かなかったからです。商人や商業の意義を力強く主張したのは、当時の常識が賤商観に満ちていたためでした。

士農工商は、天下が治まるための助けとなる。四民のどれか一つが欠けるだけでも、問題が起きるはずだ。四民を治めるのは、君主の職分である。君主を助けるのは、四民の職分なのだ。農民は、野にある臣である。商工は、市井の臣である。臣として君主を助けるのが、臣の道というものだろう。

――『都鄙問答』

梅岩は、四民の区別は受容しても、その差別は是認しません。なぜなら、士農工商のどれもが独自の役割を持っており、一つでも欠けたならば、世の中は維持存続できないからです。近代的な思想に相当近い位置にあることが、これだけでも解されることでしょう。他の階級の人々と同じように、社会の役に立っている商人ですが、彼らにも守るべき道徳は当然あります。その第一は、すでに述べたように「自己の利益」を過剰に追い求めないことでした。しかしそれは、具体的にはどのような行為を禁ずるものとなるのでしょうか。

梅岩がその例として挙げるのは、「二重の利」を取らない、ということです。これについて、彼はわかりやすいケースを用いて、説明しています。

ここに絹一疋と帯一筋があって、長さが規定より一、二寸程度しか短くないものであっても、呉服屋が買い取る際にはその短い点を指摘して、値段を引かせることだろう。しかし、一、二寸の話なので、傷物扱いにもならず、客に売る際には絹一疋と帯一筋のままであって、値段も通常と変わりないものとするだろう。つまり、尺が短いといって値段を引かせ、尺が足りているものと同じ利を取っている。これが二重の利であって、天下で御法度となっている大小の二枡を使い分ける行為に似たものといえる。
——『都鄙問答』

絹や帯で規定より尺が短い商品だった場合、その理由で、通常の物より安価で仕入れ、売る際には、その尺の短さは特筆すべきものではないとして、通常の物と同一の価格で売ること。このような行為が、「二重の利」を取るものだと説明されています。

その他にも、染物で小さな失敗があった際に、職人に支払う代金を減らし、注文した顧客からは通常の金額を貰うなどを、梅岩は例として挙げています。ともに、呉服屋で働いていた彼が実際に経験したり、同僚や同業者から聞いたりしたことのあるものでしょう。

この「二重の利」の話は、見方によっては大きな問題ではないともとらえられます。なぜならば、これは法に触れるものではなく、商人が巧みな交渉術を発揮して儲けた事例ともいえるからです。

梅岩は「二升を使うこと」、つまり、米などを仕入れる際は大きな升を使い、売るときは小さな升を使うのと同じような詐術である、と糾弾していますが、そういった明らかに違法な手口とは異なるものでしょう。

それでは、なぜ梅岩はこういった行為を強烈に批難するのでしょうか。それは、「二重の利」を取るという行いが、欲心に端を発したものであり、決して正当な共感を呼び込めないものだからです。

法に触れていないから問題ないという考え方は、まさにルール至上主義であり、梅岩はこれを最も嫌うのです。心の状態に着目すれば、こういった「二重の利」を取る行為は、「二枡を使うこと」と共通するといわれても、確かに否定できません。

もし、自分が「二重の利」を取る商人の顧客だったとして、彼のこのような手口が発覚したら、どう思うでしょうか。法に触れていないからと、許す人もいるかも知れません。しかし大半の人は、この商人との付き合いを考え直すのではないでしょうか。それは、行為そのものに好感を持てないこと以上に、彼の「不浄な心」を嫌悪するからなのです。

正直者が栄える

世の中が「二重の利」を取るような商人ばかりになってしまうと、長期的にみたとき、その地域や国は、衰退していくように思われます。何より交渉術の向上を目指す商人が増え、肝心の商品の質は、どんどん低下していく可能性が高いはずです。そして、競争力自体も下がり、人々の生活水準も低いものとなるに違いありません。

欲心によって為された行いの多くは、短期的に収入を増加させることはあっても、長期的には期待していた逆の状況を招くのです。

梅岩という人は、行為自体より、心の状態を改めることを重視しています。そのような彼が、最も理想的と考える心の状態が、「正直」と呼ばれるものです。

自分に他人の誠実と不誠実がわかるように、他人からもまた、自分の誠実と不誠実はわかることを知らない者が多い。『大学』に書かれているように「他人は自分の心の奥底まで見抜く」のである。この真理を知れば、言葉を飾らずありのままにいうので、正直者と思われ、また、何事でも任され頼られて、苦労することもなく人一倍、物を売ることができるのだ。正直だと思われ、打ち解けることは、自分にも相手にも善であると知らなくてはならない。

――『都鄙問答』

自分から他人の誠実さや不誠実さがよくわかるのと同じく、他人からは自分の誠実さや不誠実さがよくみえているものです。だから、自分が正直であれば、必ず周りの人々はそれを理解してくれるはずなのです。それに対して、表面をどんなに繕っても、心が正直でなければ、それもやはり周りに伝わることだろう、そう梅岩はいうのです。

そして、結果として、正直である者は、商売も繁盛するだろうと述べています。これは、考えてみれば納得できることでしょう。やはり、「二重の利」を取るような人より、正直な人と取引をしたいというのが、人情というものだからです。

正直者こそが長期的には栄えるということを、梅岩は次のような表現でも語っています。

『易経』に、「善行を積む家には必ずよい報いがあり、不善を積む家には必ず災いがもたらされる。主君を殺す臣は、自らの子に殺される」という言葉がある。これが教えの眼目なのだ。聖人の仁心を、よく考えてみなければならない。聖人は、このように不善を憎んでいるのだ。そのことを知れば、二重の利を取り、二枡を使い、密かに謝礼を受け取ることなど、『論語』にいわれる「浮雲のように」、頼りないことだと思うべきだろう。こういった行為を慎むことは、学問の力によってのみ可能となる。世間の様子をみると、商人のようで実は盗人である者がいる。真の商人は、先方も立ち行き、自分も立ち行くことを思うものだ。

——『都鄙問答』

冒頭の『易経』からの引用は、正直ではない行為、たとえば「二重の利」によって目の前の利益を得ることができたとしても、結局そのような人間には、大いなる災禍がもたらされる、ということを説くためのものでしょう。

正直であることを、梅岩は極めて重要な道徳であると力説していますが、それは人間の本性にかなっているからであるということも、忘れてはなりません。われわれが共感できるのは、正直のほうであって、不正直な人間を心から称賛できる者はいないはずでしょう。ただし、どれほど「はず」といっても、実際には正直ではない者は多くいますし、正直者ではない人間に共感を覚える者も、少数は存在すると思われます。

しかし、正直ではないことを評価し、正直者を愚者ととらえる人々は、人間本来の心を失ってしまっているのです。梅岩は、こういった人々を正しい道に引き入れるためにこそ、学問はあると述べています。

現代でも、人間本来の心に関する話は、さまざまに誤解されることが多いようです。たとえば、性善説というものを思い起こしてみてください。性とは「人間本来の心」であって、性善説は「人間とは基本的に善なるもの」ということを主張するものではありません。

人間が大いなる努力によって、本性を取り戻すことができれば、それは善であるに違いない。これを主張するものが、性善説です。梅岩の思想は、孟子の考えを基盤に持っていて、性善説を採用しています。しかし、人が善に「戻る」のが相当に難しいことも、認識していました。

人間の本性は、共同体の維持を考慮する行いこそを、是とします。それは、人が単独で生きることのできない存在であるため、でした。商人に関していえば、よりそのことを意識しなくてはならないでしょう。なぜなら、彼らの仕事は、取引先や顧客があってのものだからです。自分だけが大金持ちになれたとしても、他の人々が絶えてしまったとしたら、それはいったいどんな意味を持つというのでしょうか。

だからこそ、「真の商人は、先方も立ち行き、自分も立ち行くことを思う」のです。これぞ、簡にして要を得た至言です。

第4章
倹約は自分のためだけではない

消費と倹約、どちらが正しい？

梅岩の思想を語る際、正直や勤勉とともに、倹約という語がよく使われます。この倹約という単語は、実際に誰かの口から発せられることによって、多くの人々をげんなりさせる効果を持つものです。

そう、贅沢が過ぎたらよくないことなんて、誰でも知っているからです。それを再度語られても、新たに得るものなんてあるのでしょうか。

このような倹約という語への拒絶反応は、決して不思議なものではありません。

景気が沈んでいる中で、政治家や評論家は「個人消費が低迷している」と、毎日のように話しています。そして、消費が落ち込んでいる以上、状況の好転は期待できないと力説するのです。少しでも経済学の知識がある人々は、これを聞いて、確かにその通りだと納得します。いや、せざるを得ないわけです。

不動産を、自動車を買いましょう、そしてたまには贅沢な外食をして、休日にはリゾート地にお金を落としましょう。そうすれば、少しは景気がよくなる可能性が高いはずです。しかし、**かつて自分が幼かったとき、周りの大人たちは「無駄遣いをしてはいけません」と、口を酸っぱくしていっていたはずです。それは、誤りだったのでしょうか。それとも、可能な限り散財するのが、「大人にとっての」社会的責任なのでしょうか。**

この消費と倹約の話は、いつも多くの人の頭を混乱させます。そしてさらには、海外から観光客を呼び込んで、たくさんお金を遣ってもらって、日本の景気を上昇させましょう、などという意見が各種メディアを通して流されて、また人々の思考回路を掻き混ぜることになるのです。

どんどんお金を遣えば、どんどん景気がよくなる。そして、国民は裕福になって、幸せな人生が送れます。しかし、いかに幸福になったとしても、消費だけは止めてはいけません。入ってきたお金はどんどん遣って、経済を滞らせることのないよう、努力してください。直接言葉になっていなくても、われわれはこのようなことを毎日誰かに聞かされているような気がします。

しかし、この奔流の中で、一部の人々は疑問を持ち始めているようです。消費に次ぐ消費、そのような人生は果たして幸せなのだろうか、と。

そんな疑問も、「新たなる教説」によって破壊されます。消費に次ぐ消費の人生が幸せかどうかなんて、愚問である。なぜなら、「消費こそが幸福だからである」。物を買うこと、それが過不足ない幸せであることを、自覚せよ。種々のメディアが、この「新たなる教説」を発信しています。たとえば、有名ブランドのアクセサリー、テレビで紹介された飲食店、高い人気のある観光地。それらに人々は殺到するのです。まるで、消費こそが幸せなのだと、自分に思い込ませるように。

しかし、面白いのは、そういった消費ですら、人間の本性から逃れられないことです。ブランドの商品でも、外食店でも、観光地でも構いません。消費の対象となるのは、共同体の成員たちが「認めた」物や、場所ばかりです。人間は独りでは生きていけません。**共同体の一員となる以外、生存する方法はないのです。それを見事に反映して、共同体の価値観に沿った消費をし、それを多くの人にみてもらって、われわれは喜び、そして安心します。**

こういった活発な消費を、いつまでも続ければ、必ずや社会は発展する。そう思い込んでいるところに、倹約の話が飛び込んできて、一体誰が納得するというのでしょうか。「贅沢はよくありませんだなんて、そんなことは、ずっと前から知っている」、誰もがみんな、そう叫びたいはずです。

しかし、そこまで考えて、ふと思うのです。世間でいわれていることの、いったいどちらが正解なのだろうか、と。活発な消費、無駄遣いを止めること、どちらが正しいことなのでしょうか。消費と倹約という、正反対の方向性を持つ言葉が、同じ時代の同じ社会で、ともに意味ありげな顔をして流通しているのは、不思議な話です。

反省してみると、このようなことに気がつかないでしょうか。すなわち、倹約を勧めてくるのは自分に親しい人々で、消費を勧めてくるのは自分とは特に親しくない人々である、ということを。

たとえば新聞で、たとえばテレビで、活発な消費の意義を説く人々は、自分の友人や知人にそのメッセージを受け取ってもらいたいとは、思っていないのではないでしょうか。彼らが、自らのメッセージを受信してもらいたいと考えているのは、名も知らない大衆なのです。
これを知れば、次のようなことがいえます。おそらく、消費は一度たりとも道徳のカテゴリーに入ったことはないのです。それに対して、倹約は、そこに以前から居場所がある。果たして、親が愛する子に「経済活性化のために、どんどん消費しなさい」と教えるでしょうか。しかし、「無駄遣いせず、ちゃんとお金は貯蓄しておきなさい」とは、これからも普通に伝えるでしょう。

自身の社会的立場にかかわらず、消費は道徳的な行為ではなく、倹約は道徳的行為であると、少なくとも日本に住んでいる多くの人々は、無意識に認めているのです。

消費の暴走を食い止める倹約

経済状況の改善のために、個人消費を活発なものとするのは、理屈としては正しいと思われます。しかしながら、為政者が国民に対し、さらなる消費を求め続けることをすれば、どのような結果が予想できるでしょうか。

消費が楽しみで、消費そのものが幸福と教え込まれた人々は、それでも人間の本性を残していて、自身の消費を周囲に伝え、知ってもらい、場合によっては嫉妬の対象となることで、さらなる幸福感を得ようとします。ネットのSNSなどは、消費をひけらかすために、最適のツールでしょう。

人間は本性的に、多くの人からの承認を求めています。こうして、高価で稀少な物や、多くの人が認める物の消費こそが、「承認欲求」を満足させるための行為として定着するのです。もちろん消費の対象は、形ある商品に限定されません。先ほど挙げたものでは、観光地に出掛けるなどということも、これに相当するはずです。

承認欲求と結びついた消費は、相当にやっかいです。なぜなら、消費が人間本性に根差した行為に転化するからであり、これは中毒性という言葉では表現できないほど、人を没入させるものとなるからです。消費が、自己の生存に関わる行為となり、もはや理性に訴え掛けても、行為を抑制することはできないものとなるでしょう。

さらに、前述の通り、消費は一国の経済を好転させるための方法として、社会的に是認されています。この状況の深刻さを正しく理解した際、もし消費という行為に反省を迫りたいと考えても、それは相当に困難であるといわざるを得ません。

では、もう消費について放置しておいてよいのでしょうか。倹約などという埃をかぶった道徳を、今頃持ち出すのは無意味なのでしょうか。

実は、事態はさらに深刻なのです。消費と幸福の結びつきは、最終的にルール至上主義に行き着きます。消費には当然お金が必要であり、幸福が消費と結びついている以上、多くの人の目標は、たくさんの収入を獲得することになります。高い収入が、そのまま高い幸福度につながるのです。結果的に、人はお金の獲得になりふり構わなくなるでしょう。そうはいっても、犯罪者になることは避けたい。牢の中に閉じ込められてしまっては、消費どころの騒ぎではなくなるからです。

犯罪者にはなりたくないが、できる限り多くの収入を獲得したい。こう思ったとき、人が向かうのが、マネーゲームだったり、投機的な仕事だったりします。それらは、決して法に触れるものではありません。しかし、すでに述べた通り、多くの人々が共感し、称揚する仕事でもないはずです。それでも、違法ではない上、短期で法外な金額を得られるチャンスがあるために、人々はそこを目指すのです。

そして、**ルール至上主義が蔓延した社会は、道徳を喪失した社会であるどころか、自律的思考を放棄した人々の園になるでしょう。**消費を煽られた社会は、最終的に、人間の社会であることを止めるのです。

これは何も、大袈裟な空想などではありません。ルール至上主義に取りつかれた社会を想像するのは難しいと思いますが、取りつかれた個人を想像するのは難しくないはずです。消費から消費に渡り歩いた結果、破産する者、家族を失う者、最悪自身の生命を失う者も、多くいます。消費が幸福と思い込んでいても、ルール至上主義を是とする心性にまで至ってしまった人間に、幸福を実感できる瞬間は二度と訪れないと知るべきです。

それでは、消費は悪なのでしょうか。もちろん、そうではありません。消費は、活力ある社会にとって重要なものです。しかし、限度はあります。幸福が消費と手を結んでしまうことは、誰かがどこかで食い止める必要があります。そして、そういったことを可能にする内的な力は、道徳にしか期待できないのです。

だから、**消費か倹約の二者択一など意味はないのです。消費は必要で、その暴走を止め**

るために、倹約の意義を理解しておく必要があります。

消費のみを煽るのではなく、その前提として倹約の道徳を備えること。これが、現代ほど重要になった時代はないと断言できます。

江戸時代の倹約

よく知られているように、江戸時代には「倹約令」と呼ばれる法令がありました。例えば、1713年には「男女ともに新奇な衣類を禁止する」との町触が江戸で出されており、幕府及び諸藩から、このような倹約令は繰り返し発令されることになります。

この倹約令は、「節約の奨励、及び奢侈の禁止を命ずるもの」と、「幕府の財政緊縮を目的とするもの」の、二つに分けることができます。前者は、特に町人が実力をつけてきた17世紀後半以降活発に出されたもので、「身分を超えた贅沢な暮らし」に対する牽制の意味を持っていました。つまり、身分制度の維持を目的としていたわけです。

この倹約令に類する法令は、近世以前においては、世界的にみてもそれほど珍しいものではありませんでした。しかし、倹約令を出した君主や中央政府は、その対象外とされることが通例です。

これは別に、明文化されていることではありません。とはいえ、倹約を奨励しつつも権力者が奢侈な生活を送っていることは、よくあることでしょう。どんなに貧しい国であっても、富を集中させれば、為政者とその周辺ぐらいは、望んだ通りの生活を送れるからです。

しかし日本の近世は、全般的にいうとその反対だったのです。将軍によっても多少変わりますが、幕府は中央政府として考えるならば、相当切り詰めた生活をしていました。これは特に、他のアジア諸国と比べたとき、顕著だったようです。

幕末の日本にアメリカの初代駐日総領事としてやって来たハリスは、日本に来る以前、インドシナや中国で貿易商として働いていました。彼は１８５７年に江戸城に登城することになりますが、その際に見た城内の印象をこのように書いています。

大君の衣服は、絹布でできており、それに少々の金刺繡がほどこしてあった。だが、それは想像されうるような王者らしい豪華さの何ものからも遠いものであった。燦然たる宝石も、精巧な黄金の装飾も、柄にダイヤモンドを鏤《ちりば》めた刀もなかった。そして、むしろ、私の服装の方が彼のものよりも遥に高価であったといっても過言ではない。

——『ハリス日本滞在記』

はじめにある大君とは、将軍のことです。権力者の多くは、自分や城内を高価な宝石や金箔などで飾り立てることを好みますが、江戸の日本はそうではなかったようです。ハリスのような一外交官のものよりも安い衣装に、将軍は身を包んでいたのですから。

しかし、このことはいわゆる「痩せ我慢」とは違うように思われます。ハリスの江戸城登城と同じ1857年、長崎海軍伝習所の教官として来日したオランダの軍人、カッテンディーケ（1816～1866年）は、次のように記しています。

日本人が他の東洋諸民族と異なる特性の一つは、奢侈贅沢に執着心を持たないことであって、非常に高貴な人々の館ですら、簡素、単純きわまるものである。すなわち大広間にも備え付けの椅子、机、書棚などの備品が一つもない。江戸城内には多数の人間がいるが、彼らは皆静粛を旨とし、城内は森閑としている。これはヨーロッパの宮廷にて見かける雑踏の騒音とは、まさに対蹠的な印象を受ける。

――『長崎海軍伝習所の日々』

そう、幕末の段階で、日本には他国と著しく異なる美意識が定着していました。それは、高価な材料で煌びやかに飾り立てることなく、質素で簡素ながら、そこに「侘び寂び」を忍び込ませたものを、美しいとする心性です。限られた人間だけが持つ熟練の技によって作り込まれた美は、単純な消費によっては到達できないものでした。

当時の日本人は、こういった独特の美を愛でることが、本当の贅沢だという意識を持っていたのです。だから、お金を使うことが幸せであるとする感覚を、ほとんど持ち合わせていなかったのでしょう。

倹約は世界のために

石門心学は18世紀半ば以降、全国的に広がり、階級を問わず数多くの人々に影響を与えました。幕末の日本にみられる美意識に、心学の要素がどの程度入り込んでいるのかはわかりません。それは、実証的に調査できるような類のものですらないでしょう。

しかし、一点だけ明らかなことがあります。それは、梅岩の倹約論を知れば、日本の美というものがより深く理解できるようになるということです。

梅岩が力説した倹約には、もちろん通常の節約という意味も入っています。それに関して彼が述べているものを、まずはみてみたいと思います。次に引くのは、梅岩の講義録である『石田先生語録』からの一節です。

倹約ということは、世に説かれているものとは異なり、自分のために物事を節約することではない。世界のために、従来は三つ必要だったものを、二つで済ませるようにすることを、倹約というのである。

『書経』にあるように、「民は国の根本で、根本がしっかりしていれば、国は安らかに落ち着く」のである。その根本は、民に食料が足りていることなのだ。このために、君は民より年貢を少なめに納めさせ、民を豊かにしようとする。

たとえば、民が三石納めてきたところで、君の必要な量を調整し、二石だけ納めさせることなどである。百姓は、これまで五石作らなければ足らなかったが、四石五斗作るだけでも、これで大丈夫になる。そして、百姓に残るのはこれまで二石だったのが、これによって二石五斗になる。それが、民の潤いとなるのだ。

――『石田先生語録』

自分の考える倹約が、世間一般に考えられているそれとは違うことを、梅岩はここで表明しています。**通常、倹約とは自分のために節約することと思われているが、彼はそうではないといいます。倹約は、世界のための節約だと、主張するのです。**

たとえば、従来は三つ必要と考えられていたものを、二つで済ませることができれば、世界に利することができるだろう。梅岩は、そのように説明しています。

次により具体的な例が示されていますが、これが面白いのは、為政者の倹約に関するものである点です。普通は、庶民の倹約から始めそうなものですが、梅岩は倹約が世界のためであることを示すために、為政者にとっての倹約をまずは説いたのでしょう。

『書経』でいわれているように、国の根本は民です。そして、根本である民に最も必要なものは、やはり食料でしょう。だから、年貢としていつもは三石納めさせるところを、二石で済ませるようにすれば、民は大いに安心し、余裕も生まれることになります。

しかし、こういった減免措置をした場合、為政者の側にはさまざまな困難が生じるはずです。収入が三分の二になるわけで、内部で相当な努力をしなくてはならないでしょう。倹約は世の中のための行いですが、自らには日々の過ごし方を再検討させるという、厳しい側面があるようです。自分から進んで節約を行おうという者が少ない理由は、そこにあるのでしょう。

また、梅岩は『斉家論』で、倹約の必要性をこのように説明しています。

身分の上から下まで、職分は異なるが理は一つである。倹約を理解して実行するときには、家が整い、国が治まり、天下は泰平になる。これが大道ではないか。倹約といっているのは、つまり、身を修め、家を整えるためである。『大学』にあるように、「天子より庶民に至るまで、一途に皆が身を修めることが根本である」。身を修めるのに、どうして士農工商の違いがあるだろうか。

——『斉家論』

どういった身分であろうとも、倹約は必要だという見解です。そして、倹約を実行すれば、家が整う、つまり「斉家」が達成され、国もうまく治まり、天下が平和になると、梅岩は述べているわけです。これはもちろん、『大学』における、「修身斉家治国平天下」のことです。

世の中に平和を実現したいならば、まずは自分の修身から始め、次に家を整えて、そして国を正しく治めなければならない。儒学において、基本中の基本となる政治哲学です。

倹約によって身が修まるのであれば、倹約は世の中のためでありつつ、自分を向上させることにも利するということになるでしょう。 倹約を、あくまで節約の意味に取るのであ

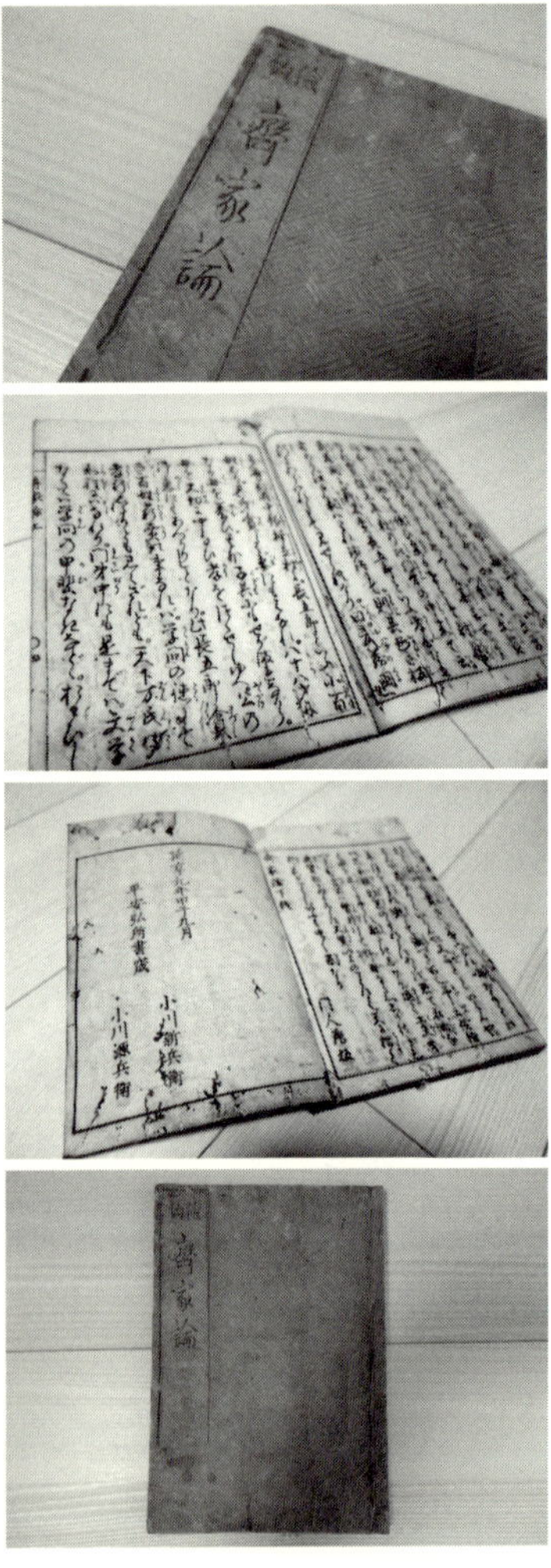

図9　1744(延享1) 年刊行の『斉家論』(著者所蔵)

れば、自分にもたらされるものは、金銭的余裕ぐらいのものとなってしまいます。しかし、修身が斉家につながるものである以上、その程度の効果で終わるものとは考えられません。いったい、梅岩は倹約にどのような意味を読み取っているのでしょうか。もうしばらく、彼の考えを追ってみたいと思います。

倹約で人間関係もよくなる

倹約によって経済的な余裕ができるのは、十分に予想できるところです。それに加えて、梅岩はどのような効果を、倹約という行為に期待しているのでしょうか。

『斉家論』には、**倹約によって人間関係が改善されるという、普通に考えていては理由が思い浮かばないようなことが書かれています。**

親しい親類が疎遠になるのは、贅沢によるものだ。一家の会合も大袈裟で、料理なども豪華になり、会合の回数も減って疎遠になってしまった。これから考えると、贅沢は不仁の元となる。恐れ慎むべきだろう。

今後は、平常の会合は、茶漬けやお浸し程度にして、衣類も木綿にすれば、自然と気軽に会合を行えるようになり、より親しくなるはずだ。親類はもちろんのこと、通勤してくる手代や出入りの人々まで、もしも経済的な問題を抱えている者がいたら、その理由を聞いてやって、本当のことであったならば、力を合わせて助けてやるべきである。

――『斉家論』

梅岩が、「倹約は人間関係の改善に利する」とする理由は、なかなかに面白いものです。

たとえば、親戚の集まりに関してです。贅沢を好むものは、集まりの際の料理なども、豪勢なものにしようとするはずです。しかし、豪勢な料理はお金が掛かるため、こういった会を開く回数を多くすることは難しいでしょう。これによって、本来は親しくあるべき親戚間に、次第に距離ができてしまうというのです。

だから、会合の際に出す料理を、茶漬けやお浸しなど安価なものに限っておけばよいと、梅岩は提案しています。料理だけでなく、集まりの際に来ていく服も、見栄を張って高い物にせず、木綿の着物にしておければ、経済的負担が軽くなります。このように倹約を徹底することで、会合の回数も増え、より一層親しい間柄になるのではないか、と述べています。

また、日頃から倹約に励めば、金銭の面での余裕が出てくることが考えられます。そうであれば、自宅から通勤してくる手代から、出入りの業者の人々に至るまで、もし本当に経済的に困窮している者がいれば、自分の懐から幾らか工面して、彼らの問題を解決してやることもできるだろう、というのです。これによって、身近な人々を幸せにし、彼らとの人間関係がよりよいものとなるという理屈です。

贅沢というのは、見栄を張りたいという欲求からの行為に違いありません。つまり、「自己の利益」の追求であり、欲心の為すところだといえます。会合の場に出される食事を豪華にすること、それは、消費によって幸福を得て、さらにその消費を周囲の人々にも確認してもらうことで、満足感を得ようとする意識が行わせるものなのです。

先の文章に続けて、梅岩はこうも述べています。

家内の者に恵んでやるにしても、木綿の衣類であれば、新しく作ってやるのも簡単だろう。古くなった物は、仕着せとは別に新しい物を渡してやり、仕着せ自体は置いておけるようにしてやろう。
また、入って半年か一年の奉公人は、わずかな給金しかなく、布子を一着作れば残りが少なくなり、鼻紙代も不自由するほどで、大変不憫である。たとえ、盆と正月に、百文や二百文の銭や履物などをやっても、これで足るとは思われない。もっとも、家の事情や、奉公人によって高い低いはあるだろうが、すべてこれに似た状況だろう。だから、真面目に務める奉公人には、折々の心付けをすべきなのだ。

——『斉家論』

今度の話は、家内、つまり同じ商家で働く者に関してのものです。
もし、丁稚のような住み込みの店員が、木綿の服で仕事をするような商家であったならば、彼らの服が傷んだとき、新しい物を渡してやるのも気安いものとなるでしょう。なぜなら、木綿の服は安価だからです。安価であれば、買い替えてやるのも、それほど大変なことではない、ということです。

「仕着せ」とは、通常盆と暮れに服や履物などの現物で支給されるボーナスのことですが、それとは別に、古くなって傷んだ物の代わりとなる衣服を支給するべきだと、梅岩は主張しています。

そしてさらに、実直に仕事に打ち込んでいる者には、時々の心付けを渡してやるべきだ、とまで提案しています。**これは果たして、倹約の話なのでしょうか。そうした疑問が出てもおかしくないぐらい、梅岩は「お金を使うこと」の話をしています。**このあたりになると、普通に使用される倹約からは、少しずつ逸脱し始めていることに気づくことでしょう。

お金を使うことが倹約!?

なぜ、「お金を使うこと」が倹約に相当するのでしょうか。梅岩は、従来三つ必要と考えられていたものを二つで済ませることによって、世界に利することを倹約と説いていたはずです。

確かに、「お金を使うこと」によって、身近な人々との間柄や、家内での人間関係は、よりよいものとなるでしょう。しかし、そのような説明が適切であったとしても、この「お金を使うこと」を、倹約という言葉で語る理由は、わからないままです。

これを考えるために、弟子たちが記録した梅岩の日常をみてみたいと思います。


飯は上白米にして、粥にして食べることが多かった。日に一度は、必ず味噌汁を作り、それに粗末な惣菜を加えて、一食としていた。茶は粗茶でないものを、普通は飲んでいた。時々、煎じた後に残った茶葉を、お浸しにして食べていた。

米を洗う際は、一番目と二番目の研ぎ汁を、外に置いている器に溜めておいて、鼠にやっていた。釜に残った米は、湯に入れて飲み、少しだけ釜に付いて残った米粒は、洗い落として、雀や鼠のエサとして与えていた。

汁鍋や汁椀の類は、汁がなくなった後、茶を汲み入れて、洗いながら飲んだ。菜の葉の類は、腐っていたものは捨てたが、枯れ葉は捨てずに使った。稀に、魚類を食べていた。雑魚、切り売りの鯨、小さな海老などである。

——『石田先生事蹟』

実に質素な食生活です。しかし、それで終わってしまうと、梅岩の本質は理解できないと思われます。

一食の分量が少ないようにみえるのは、彼が若い頃に胃を痛めたことも影響していると考えられますが、それと同じぐらい、節約の意味での倹約を心掛けていたことによるものでしょう。必要最低限しか食べなかった、というわけです。

そして、まるでモッタイナイの理念を徹底したかのように、食べ物を大切に扱い、できる限り食べ残しが出ないように工夫していたようです。料理の際に出たもの、止むを得ない食べ残しなども含めて、ほとんど廃棄していないことに驚きます。

人間の食べられない物、たとえば米の「研ぎ汁」などは、鼠にやり、釜に付いていた米粒は、これも雀や鼠のエサにしていたようです。このあたりは、節約とは少し異なる行為のようにも思えます。

続いて、食生活以外の箇所も少しみようと思います。これによって、梅岩のいう倹約の本質は、相当理解しやすくなるはずです。

釣瓶の古縄は、干しておいて焼くための燃料とし、その灰は、火入れや火鉢に入れて用いていた。これが、火を長持ちさせる秘訣だった。畳の古縁は、埃払いにして使った。日常から、自分で髪を結っていた。元結《もとゆい》は洗って、何度も使っていた。

――『石田先生事蹟』

釣瓶は井戸水を汲み上げる桶であり、縄などに結び付けて使用されます。縄はいくら丈夫な物であっても、必ず古くなり、耐久性が低くなるものです。そうして現役を引退した古縄は、どう処理するのが適切でしょうか。処理も何も、普通は廃棄の一択でしょう。しかし梅岩は、古い縄はしっかり干した上で、火を焚く際の燃料にしていた、というのです。

そして、古くなった畳縁に関しても、捨てずに埃払いとして再利用しました。元結というのは、髪を結う際に根元を縛る紐ですが、これも洗って繰り返し用いたようです。少々神経質に感じられるほどの、徹底した再利用生活です。

本当の倹約はただの節約ではない

親戚の会合での食事を質素にすることや、経済的に困っている仲間を助けること、よく働く丁稚にボーナスを弾むことに、食べ残しを出さないこと、そして、古い縄や畳縁を別の用途に使うこと。

これらは一見関係ないようで、梅岩の中ではすべて同じ倹約の実例でした。それがいったい、どういう理由で倹約という語で結びつくのでしょうか。

梅岩は倹約に、いわゆる節約より一段階深い意味を付与していました。それは、梅岩の言葉でいえば「万事物の法に従うこと」です。

法に従うことというのは、さまざまな事物に付与された理を感得することともいえます。こういった儒学的な用語で理解するのが難しければ、次のように表現してもよいでしょう。

それはすなわち、**事物に「本性を正しく発揮させること」です。**

これを考える例として、一番ふさわしいのは先ほどの古縄や古い畳縁の話でしょう。新しい縄は、釣瓶を引っ張るために役立ちます。新しい縄の本性は、このように重い物を結びつけても切れることのない、頑丈さにあります。釣瓶に結んで使うことは、新しい縄の本性を正しく発揮させることといえるでしょう。

それに対して、古い縄には新しい縄にあった、頑丈さという本性が失われています。しかし、火を焚く際、薪に類した用途で活かすことができるはずでしょう。これが、古い縄の本性です。薪と同じ能力を保持しているにもかかわらず、釣瓶縄として使えないという理由で廃棄してしまうのは、倹約に反するものとなります。

古くなった畳縁も、これと同じ理屈で考えることができます。老朽化によって、畳縁としての能力、つまり本性は消失していますが、埃払いや頑丈な紐として使えるという、新しい本性が宿っているのです。これを正しく用いることこそ、世界に利する行動だといえるでしょう。

しかし、倹約が事物に「本性を正しく発揮させること」であると解した場合、経済的に困窮している仲間を助けることや、よく働く丁稚にボーナスを弾むことは、どのように考えればよいのでしょうか。

前者は、やむをえない理由で家計が苦しくなったことで、精神的にも肉体的にも憔悴しているはずです。本来できる仕事もできず、人間関係も荒廃しつつあるかもしれない。

その彼に経済的な援助を行うのは、「本来の彼の能力」を世界に取り戻すことにつながります。そう、このように理解すれば、これは確かに倹約です。

後の、よく働く丁稚についても、同じような考え方ができます。もし彼にボーナスを弾めば、それで新しい衣服を購入したり、あるいは郷里の両親に仕送りをしたりして、精神の状態を向上させることになるはずです。そして、自分が仕事で主人に認められているという確証を得て、より仕事に精を出すに違いありません。丁稚の本性が、これによりさらに発揮されることになる、というわけです。

そして、物を「節約」することさえも、実は「本性を正しく発揮させること」という意味で理解することが可能なのです。

親戚の集う会合で高価な料理を用意することや、そこに豪華な服装で出掛けることは、親しい間柄を壊すものであるとして梅岩は否定していました。このことは、高価な料理や豪華な衣服が、「本性を正しく発揮できていない」ことであるとも、解釈できないでしょうか。

会合に出されていた料理は、適所に供されていれば、人を幸せにするものだったかもしれません。豪華な服は、普通の服なら二着は作れる布地や、糸を使ったものだったのかもしれません。普通の服二着になっていたら、二人の人間を幸せにし、労働の役に立っていた可能性もあるのです。

これで明らかになるように、**真の倹約は、いたずらに出費を抑えることで実現できるものではありません。事物の本性を正しく理解して、それに最もふさわしい場所や用途を考えなければならないのです。**

つまり、倹約を正しく実践しようとするならば、事物や人間の本質や、それらが最も輝ける適所を常時考えつつ、自らの行為を選択していく必要があるわけです。

倹約は私欲に基づいてはいけない

梅岩の思想の根本が、心を性に戻すことにあるため、倹約は最も重要な道徳的行為の一つと認識されています。そしてこれは、身分にかかわらず、日々実践されるべきものでした。現代で考えるならば、あらゆる職業、境遇の人間に必要な徳ということになるでしょう。

ところで、社会の成員が日々倹約の実践を怠らず、正直であることに努めたとき、どのような結果が期待できるのでしょうか。

こうして正直に物事が行なわれることになれば、世間一同は和合し、世界中の人々はみな兄弟のようになる。私が願っているのは、人々をそこに至らしめることである。特に、武士は政治を助け、農工商を率いる者なのだから、清潔で正直であらなくてはならない。もし私欲があったら、目標の地点は暗闇である。また、農工商も、家の主は家族の頭である。もし私欲があったなら、家内は常に暗闇となる。すべてにおいて物の頭になるものは、慎まなければならない。

——『斉家論』

正直の先にあるのは、なんと世の中の和合だと、梅岩は語るのです。簡単にいえば、皆が仲良くなるということでしょう。いや、このような表現では、その重みが伝わりにくいかもしれません。しかし、人間が共同体なくしては生存できず、また共同体間の関係の悪化が平穏な日常を決定的に壊すものであることを知れば、この話のスケールの大きさがわかるのではないでしょうか。

そして、このあたりで、倹約の反対に据えられた言葉がわかり始めます。先ほどの引用部分にも出ていた、私欲です。私欲こそが、人間のすべてを悪化させる根源だというわけです。

しかし、梅岩は商業に対する深い理解を持ち合わせていて、しかも正しい商行為の結果として財が成されるのは、一切問題がないと断言していました。そうであれば、正しい蓄財は、私欲と一切関係がないものだということになります。

梅岩が排撃の手を緩めない私欲は、どうとらえるのが適切なのでしょうか。

私欲が悪であるという話になれば、**物を購入すること、果てはお金を使うこと自体に問題が潜んでいるととらえる向きもあるかもしれません。しかし、これは間違いです。そして、梅岩の意見の正反対でもあります。**

実は、江戸時代に梅岩たち商人を苦しめたのが、今挙げたような考え方だったのです。物を購入するのは、本質的には麗しからざる行為であり、金銭は私欲の権化で、不浄なものに違いない。こういった考え方が、通俗化された仏教の教義や、儒学の教説と融合して、梅岩の生きた時代の空気となっていました。荻生徂徠のような時代を代表する学者であっても、この例外でなかったことは、すでに触れた通りです。

現代においても、仏教の煩悩はイコール欲望であり、それは物の売り買いにも関連していると思われがちです。そして、汚い私欲から逃れたければ、浮世から身を引き剥がすことぐらいしか、有効な方法がないという結論になったりします。

ですから、梅岩は限りなく困難な思想的作業を行っていたといえます。おびただしい数の商品が街道を往来し、日々金銭が飛び交うのを目の当たりにして、そこで生きる人々の状況を少しでも改善する方法を探ったのです。自分だけが安全な場所に退いて、世界を上から眺めるような態度を一切みせなかったのが、梅岩という人でした。

このことを十分に承知した上で、彼による私欲の批判をみてみたいと思います。

私欲ほど、世に害をなすものはないだろう。このことを理解せずして行なう倹約は、どれも吝嗇に至り、大きな害を及ぼす。私がいっているのは、正直から始まる倹約なので、人を助けるものである。孔子はいう、「人は正直だから生きていられるのであって、正直を曲げて生きている者は、幸運にも災いを免れた者に過ぎない」と。これを踏まえれば、不正直に生きている者は、生きてはいても死人と同じなのだ。恐るべきことである。

——『斉家論』

外部から眺めた際に、節約と思われる行為には2種類あります。一つは、長らく考察している倹約、もう一つは、吝嗇《りんしょく》です。吝嗇が難しければ、「けち」と口語的にいっても問題はないでしょう。

倹約は世界のための節約ですが、吝嗇は自分のためのそれであるという、決定的な違いがあります。そう、吝嗇は節約ではあっても、私欲に基づいているのです。

この吝嗇は、世界を利さないどころか、大いに害を為すものなのです。たとえば、生地にほんの少しの染め違いがあると文句をつけて、職人に渡す代金を少なくすることなどは、倹約の反対の吝嗇そのものでしょう。

あるいは、精力的に仕事に取り組む店員がいて、しかも経済的に余裕があるにもかかわらず、臨時の賞与など渡す必要がないと考える気持ちも、吝嗇によって生まれるものでしょう。ともに、私欲の為すところです。

人は本来、正直でなければ生きていくことができないというのが、孔子の、そして梅岩の信じるところでした。

人の心は本来、私欲などなく、正直なものだったのでしょう。それは、繰り返すように、人が共同体の中で、多くの人々とともに生を歩むことを強いられた存在だからです。

せわしない社会が嫌いだからという理由で、人里から逃れようとする人もいます。しかし、それが可能となるのは、ある程度以上、「健康な成人」に限られます。赤子は、老人は、病人はどうすればよいのでしょうか。だから、「隠れて生きる」ことすら、本来は私欲の発露と断じなくてはならないのです。

梅岩は、舌鋒鋭く批判します。確かに、世の中には、正直だった心を大いに曇らせて、私欲を剝き出しにして生きている者も多くいることでしょう。しかし、それは孔子の言葉の通り、本来はこうむるべき災いを逃れた人々なのです。そして梅岩はいいます、彼らは「死人と同じだ」と。

人間本来の心性を失い、誰にも共感されない私欲で財を成して、同時にさまざまな共同体を危うくする者たち。彼らを、死人と呼ぶのは、梅岩の哲学からして、まったくおかしな話ではありません。だから、**節約をしようとする際も、それが私欲によって生まれた気持ちではないかどうか、常に注意することを忘れてはならないのです。**

倹約と日本人の美意識

かなりの字数を費やして、さまざまな角度から梅岩の倹約論を考えてきました。おそらく、一般に流通している倹約と、梅岩のそれが大いに異なっていることは、十分に了解されたことと思います。

ここで、本章のはじめの方で紹介した、アメリカ総領事のハリスや、オランダ海軍士官のカッテンディーケの言葉を思い出してください。彼らは、幕末日本の為政者が、他の多くの国々とは異なり、金銀財宝で自身や居城を飾り立てず、質素な美を好んでいたことを、記録していました。この日本特有の美意識は、梅岩の倹約についての考え方を参照すれば、極めてよく理解できるはずです。

そう、**日本の美は、「物の本性」を発現させることを、何よりも大切にしているのです。**ただ簡素で、質素であっても、それは美として認められません。あるいは、ただ自然にあったものを、そのまま並べても美術品にはなりません。素材の本性を、熟練した職人による卓越した技巧によって、引き出すことが必要なのです。

自然以上の、自然さ。これが日本の美の本質に潜むものであり、それは梅岩の倹約の思いが、そのまま反映されたものとさえいえるのではないでしょうか。

いわゆる美術品だけではありません。ハリスがその質素さに驚いた、将軍の服装も、まさに梅岩のいう倹約を体現したようなものでした。そして、そういった服装の趣味は、幕閣に限られたものではなく、一般の庶民も共有していたものだったのです。

次に引くのは、ロシアの遣日使節プチャーチンに秘書官として従い、1853年に来日した文豪ゴンチャロフ（1812〜1891年）の『フレガート艦パルラダ号』からの一節です。彼は日本の民衆の服装をみて、こんな感想を持ちました。

さらに私の気に入ったのは、こうも多くの絹の羽織や、袴や、肩衣が集っていながら、その中に一つも派手などぎつい色がないことであった。赤も黄も緑も、一つとして単色はなく、すべて混合色で、二色または三色の、優雅な柔らかい色調である。

――『フレガート艦パルラダ号』、『ゴンチャローフ日本渡航記』所収

少なくとも、日本の自然に原色はほとんどありません。植物も動物も、空も海も山も、いわゆる混合色です。幕末における日本の人々は、階級を問わず、こういった混合色の服装を好んで着ていたのです。中でも最も多い色は、青系のものだったと、ゴンチャロフは証言しています。青系の色、それは日本の自然の中で、最も多くみられるものといってよいでしょう。

こういった美意識に、石門心学がどの程度まで寄与したかは、わかりません。しかし、梅岩の倹約論と、日本の美意識との間には、驚くほどの共通点があり、これは否定し難い事実と断言できます。

梅岩は私欲を批判し、正直から立ち上げられた倹約を、重要な道徳的行為として称揚しました。それでは、今の世で頻繁に論じられる消費はどうでしょうか。それが私欲に基づくものであれば、彼は肯定しないはずです。**また、多くの人々から共感されることのない、ルール至上主義に基づいた蓄財も、強く否定することでしょう。**

消費を抑えるようなことをすれば、国の経済状況はいつまでも好転しないようにも思われます。しかし、このまま「自己の利益」だけを追い求め、活発に消費を続けた場合、待ち受けるものは何でしょうか。おそらく、人間が生存可能な環境の崩壊でしょう。ルール至上主義を携えて消費に奔走する人々は、共同体を破壊して、最後には自然を殲滅するのではないかと思われます。

ですから、このまま消費を煽ることとは、極めて危険な行いととらえなくてはなりません。少なくとも、日本の経済は、欲心が駆り立てた消費を批判することで、発展してきたのです。そして、美に関する意識にしても、事物の本性への崇敬こそが、その中心に据えられていました。このことを再度、哲学的に検討し、反省してみる必要があるはずです。

第5章

仕事〈ワーク〉と人生〈ライフ〉を結びつける

宗教は道具にすぎない

そもそも、梅岩は宗教についてどう考えていたのでしょうか。

彼は45歳のとき、自宅の一間を教室として、無料の講義を始めました。それ以降、職業を問われた際には、自分は「儒者」だと答えていました。それは梅岩が、儒学を最も重要なものと考えていたからでしょうか。実は、そうではありません。

当時、町で講義を行なっていたのは、儒者と相場が決まっていました。幕府の方針で、儒学の中でも朱子学が官学に近い扱いを受けており、そのこともあって、当時は学問といえば、まずは儒学を指しました。

そういった事情こそが、梅岩をして自身を儒者と呼ばせた最も大きな理由ですが、もう一つ、彼が自分は儒者だと考える根拠がありました。それは、梅岩の思想において、最も使用されることの多かった「用語」は、主に儒学由来のものだったことです。

たとえば、天、理そして性は、すべて儒学で頻繁に使用されるものでした。しかし、このような事実ですらも、梅岩が儒学を最重要と考えている証拠にはならないものなのです。

すでに述べたように、梅岩の学問にとって、現実の心を性、つまり本性に還すことが最も大切な目標でした。もちろん彼自身もこの「性を知る」という体験をしており、それは40歳を超えて商家を辞して以降のことだったと伝えられています。この体験によって自らの学問に自信を持ったことが、梅岩に講義を始めさせる契機となったのです。

それでは、「性を知る」ための修養に、宗教はからんでこないのでしょうか。それを検討するために、『都鄙問答』からの一節をみてみたいと思います。

次の引用は、儒学によって自己を高めたいと考えている質問者が「仏教を学ぶことの害とは何か」を問い、それに梅岩が回答している箇所です。

自分の心を得れば、そこにはもう儒仏の区別など必要ないはずだ。たとえば、ここに鏡を磨ぐ職人がいるとしよう。彼が上手であれば、鏡を磨いてもらうだろう。その際、どのような道具を使うのかなどと、聞くだろうか。

儒仏の考え方を用いるのも、このようなものである。自分の心の磨種なのだ。磨いた後に、磨種にこだわることはおかしなことだろう。たとえ儒家を学んだとしても、得るものがなければ益はない。仏家を学んだとしても、自分の心を正しく得られなければ、善いことはない。心に二種類あるというわけではない。仏家に習うと、心が他の違うものになると思うのは笑止千万である。

――『都鄙問答』

「自分の心を得」るというのは、文脈的に考えて、「性を知る」のことでしょう。つまり、「自らの本性を知覚する」という意味です。もしそういう喜ばしい結果に至ることができたなら、儒学と仏教という区別など、どうでもよいことではないかと、梅岩は主張しているのです。

続きをみてみましょう。梅岩は、修養の際に用いる学問を、鏡を磨く職人が用いる道具にたとえています。ここに曇った鏡があったとして、もしその職人の腕が確かであれば、おそらく仕事を頼むことでしょう。そして、結果として鏡が綺麗に磨かれたとき、彼の使用した道具（磨種《とぎぐさ》）が何であったかにこだわる必要などまったくないはずです。

梅岩は、次のように断言しています。儒学も仏教も、この鏡を磨く道具と同じである、と。つまり、それらの学問は、「心の磨種」と表現してよいものでしょう。もし、儒学をしっかり修めても、満足な結果が得られないようであれば、意味がありません。逆に、仏教を学ぶことで、「性を知る」ことができたならば、それにもまったく問題がないことになります。

心は一種類であり、本来態である性も、一種類しかありません。だから、仏道にのっとって修養することで、心が異なったものになるなどという考えは、笑止千万ということになるわけです。

そう、梅岩は、あらゆる学問や宗教を、すべて「道具」ととらえていました。ですから、受講者の徳を向上させるために、儒学も仏教も、神道も老荘思想も、分け隔てなく使用したのです。どれが最も優れた宗教であり、学問なのか。そういった議論は、梅岩にとってまったく関心の持てないものでした。

梅岩は、宗教に対して極めてドライです。仏教だろうが、儒学だろうが、心を磨く道具になりそうなものは、区別なく用います。しかしそれらはあくまで道具でしかなく、目標は曇った心を磨いて、性に至らしめることにありました。だから、仏教や儒学が提供する教説は、不可侵で絶対のものではないのです。

そして、梅岩において日々の仕事は、それ自体が、真の幸福を招来するものでした。**人間関係の改善や共同体の維持という、一個人の「悟り」などよりはるかに面倒な目標を見据える梅岩は、いかなる宗教にも特権性を与えることがなかったのです。**

宗教を使い分ける

特定の宗教を特権的に扱うことは、梅岩が一切行わなかったことですが、物事を考える際、宗教の「使い分け」をすることは頻繁にありました。

たとえば、儒学と仏教の使い分けです。江戸時代、政治的なテーマを考える際は、主に儒学が用いられました。だからこそ、多くの将軍が、優れた儒者をブレーンに迎えていたのです。

それに対し、人生の問題や、プライヴェートな悩みを解決する際には、仏教の教義に頼る人々が多かったといわれます。寺社で催される僧による講話などは、社会問題を解決するためのものではなく、各個人の日常的な苦悩を減ずるヒントが提供されるものだったわけです。

儒学と仏教の理は、似ていて区別しにくいものである。しかし、実践の上では、みての通り雲泥の差がある。僧侶は五戒を守り、俗人は五倫の道にのっとって生きるものだ。これには紛らわしいことなどない。しかし、僧侶の真似を俗人がすると、無駄が多くなる。

——『都鄙問答』

儒学と仏教の教理は似ているということを認めた上で、世俗の人々が僧侶の真似をすると大きな問題があると、梅岩は述べています。僧侶には守るべき五戒、つまり「不殺生・不偸盗《ちゅうとう》・不邪淫・不妄語・不飲酒《おんじゅ》」があり、一方、世俗の人々は、五倫の道、すなわち「君臣の義・父子の親・夫婦の別・長幼の序・朋友の信」にのっとって生きなければならないのです。僧侶は浮世の論理から隔絶して生きていますが、世俗に生きる者は、あくまで現実社会の中で暮らさなくてはならないからです。

当時の社会体制、そして支配的な道徳も、儒学に基づいたものであったことを知れば、このことは不思議に思われないはずでしょう。先に触れたように、社会的なテーマを議論する際に儒学が用いられたというのも、幕藩体制の原理に儒学が入り込んでいたからなのです。

そして、梅岩はいうのです。「僧侶の真似を俗人がすると、無駄が多くなる」と。これを、彼は次のようにわかりやすく説明しています。

仏教の僧侶としては、罪のある者であっても死刑にすることはできないだろう。罪がある者であっても、弟子にしようとして支配者から貰い受け、助けたいと思うのが僧侶である。しかし、慈愛の心ばかりで、聖人の法もないまま政治を行なったりすれば、かえって世を乱すことになるはずだ。

——『都鄙問答』

そう、もし為政者が僧侶であったなら、死刑という刑罰を肯定することはできないはずです。僧侶というのは、罪人であっても、為政者からその者を貰い受け、弟子に迎えるような精神を持つ者だからです。これは、もっぱら彼の性質から為されるものではなく、仏教の教義によって引き起こされる行動といってよいものでしょう。

このように、仏教の教義によって動く為政者がいたとしたら、国の政治はどうなるでしょうか。罪人が許され治安が悪化し、平穏が訪れることはないはずです。政治に携わる者は、公的な仕事の面においては、儒学の道徳に従うのが最も適切である、ということになる所以です。

これは、宗教や学問の序列化とは、まったく異なるものです。それらを適所に配置していく行為だと考えるべきでしょう。

すべての宗教や学問は、等価値でありつつ、適と不適がある。これは、特段われわれの常識から逸脱する考え方ではありませんが、梅岩の思想を正しく解する上で、忘れてはならないことです。

仕事の意味を人々に教える

梅岩は、講義においてさまざまな書物を取り上げ、その内容を語って聴かせたと伝えられます。儒学、仏教、神道、老荘思想、その他さまざまな古典を読み、自らの解説を付していくのです。

彼は決して講義の達人ではなかったので、内容は淡々としたものだったのかもしれません。それでも、回を重ねるごとに、集まる聴衆の数は増え、出張講義の要望も多く寄せられるようになったということです。

彼の講義に集まったのは、主に町人でした。聴衆の多くは、朝から夕まで普通に仕事をして、疲れた身体に鞭打って、夜の講義に顔を出していたのです。よほどの理由がないと、できない行動でしょう。

さまざまな古典の内容を知り、教養を高めることも、本性に近づくためには必要な修養でした。しかし梅岩は、知識の集積自体には、一切価値を認めていません。

物事をたくさん知っていること、つまり博学であることは、当時の儒者たちは疑いなく誇らしいことと信じていました。それに対し梅岩は、知識だけがあって本質的な思考力の欠如した多くの学者を、こともあろうに「人の書物箱」、つまり「生ける書棚」と呼んで強烈に批判したのです。

講義に集まっていた人々は、梅岩に何を求めていたのでしょうか。もちろん、多少は知識を得ようという気持ちも、あったのではないでしょうか。

しかし、**おそらく彼らが最も欲していたのは、自分が従事する仕事の「意味」を理解するための、知恵でした。**毎日、へとへとになるまで働いていることに、一体どのような意味があるのか。それを理解したかったのでしょう。

そして、**自分はなぜ商人として、あるいは職人として、農民として、そして武士として生きなければならないのか、そのことも知りたかったに違いありません。**

梅岩の教説の中で、最も神秘的でインパクトがあり、かつ問題ともされてきたものに、「形

	書名	成立時期	ジャンル
1	四書	—	儒学
2	『孝経』	戦国時代（紀元前403～221年頃）	儒学
3	『小学』	1187年	儒学（朱子学）
4	『易経』	未詳。周代（紀元前1050頃～256年）の占いに関する書	儒学
5	『詩経』	未詳	儒学
6	『太極図説』	未詳。周敦頤（1017～1073年）が撰述	儒学（朱子学）
7	『近思録』	1176年	儒学（朱子学）
8	『性理字義』	未詳。陳淳（1159～1223年）の著作	儒学（朱子学）
9	『老子』	戦国時代初期～中期頃	老荘思想
10	『荘子』	戦国時代（紀元前403～221年頃）	老荘思想
11	『和論語』	1669年	仏教・神道
12	『徒然草』	1330～1331年頃	仏教

＊『石田先生事蹟』に基づき作成

表4　梅岩が講義で用いた書の一例

による心」という考え方があります。そして、多くの聴講生が求めていたのは、これに強く関連するものだったと推察されます。後に石門心学が全国に普及するのも、この「形による心」があったからでしょう。しかし、「形による心」は、文を読んですぐに納得できるような類の考え方ではありません。しかし、その正確な内容に肉薄するため、『都鄙問答』にある梅岩本人の説明を、いくつか引用してみたいと思います。

本来人間の心は、誰でも同じものだが、七情に隠蔽されているので、聖人の知が自分の心とは異なるものだと思って、よくわからなくなり様々な疑念が起きるのである。元来、形ある者は、形がそのまま心であると知るべきだ。

――『都鄙問答』

心というものは、聖人のものであっても、名もなき庶民のものであっても、本来は同じもの。これが、梅岩の心に関する考え方の基本になっています。本来の心とは、もはやいうまでもなく、性のことです。歴史に名を残す偉人の性も、名もなき庶民の性も、天の理を宿すものであり、まったく変わるところがありません。

これが一般的に納得されないのは、われわれの現実の心が、七情、つまり「喜・怒・哀・懼《く》・愛・悪《お》・欲」によって覆われてしまっているからなのです。そうであれば、この七情による曇りを磨いて綺麗にすることが、すなわち修養になるはずでしょう。

その際に心掛けるべきこと、それが「形によるの心」なのだと、梅岩は述べるのです。これは、文字通り「形あるものは、形がそのまま心である」という考え方です。これだけではわかりにくいので、梅岩が挙げている具体例に従って理解することを試みましょう。

また、ボウフラは水の中では人を刺さず、成長して蚊になってから人を刺す。これを、形によるの心という。

——『都鄙問答』

ボウフラは蚊の幼虫で、水の中に棲んでいます。蚊は人の血を吸うが、ボウフラは同じ生き物でありながら、そういったことはしません。ところが、そのようなボウフラも、いったん成虫になれば、やはり人の血を吸い始めます。以上は、誰でも納得できる常識でしょう。

そして、ここから梅岩は次のように続けるのです。ボウフラが血を吸わないのは、「ボウフラという形によって、ボウフラの心が決められているから」である、と。そして、蚊が血を吸うのも、「蚊という形によって、蚊の心が決められているからだ」と述べています。形というのは、普通に目で見てとらえられるような、外形のことです。この外形が、ボウフラや蚊の心を決めているというのは、いったいどういうことなのでしょうか。

動物は心が曇っていない

どうにも解しにくい、この「形によるの心」。とりあえず、梅岩の言葉をもう少し追ってみることにしましょう。

鳥獣畜類も注意してみてみよ。蛙は自然に蛇を恐れる。これは、親蛙が子蛙に「蛇はおまえを取って食う、恐ろしいものだ」と教え、蛙の子もそれを学び習って、だんだんと伝えられてきたものではないだろう。蛙の形に生まれれば、蛇を恐れるのは、形がそのまま心だからである。

その他、身近な例を探すと、ノミは夏になればすべて人の身体に従って出てくるものだ。これも、ノミの親が「人を食って生きていきなさい」と教えたものではないし、「人の手が近づいてきたら、早く跳んで逃げなさい。跳ばないと命を取られますよ」と教えたものではない。跳んで逃げるのは、学習の成果ではなく、形によって為されたものである。

――『都鄙問答』

この説明は、先ほどのものよりはずっと理解しやすいのではないでしょうか。蛙は蛇を恐れるが、これはなぜでしょうか。それは、蛇が蛙の捕食者だからです。しかし、当の蛙は実際に食べられたことはありませんし、仲間が捕食されているシーンを見た経験もない可能性が高いでしょう。それでも蛇を恐れるのは、「蛙という形」によって「蛙の心」が決められているからだと、梅岩は説明を入れるのです。

蛙はまた、親蛙から「蛇はおまえを食べるから、見つけたら必ず逃げなさい」などと教えられているわけでもありません。蛙が蛇から逃れる行為は、徹頭徹尾、形によって起こされたものなのです。

ノミに関しても、これと同じように考えられます。彼らは蚊と一緒で、人の身体に付いて血を吸う虫なので、見つけ次第、人は叩いて潰そうとします。しかし、ノミは実に軽快に飛び跳ねて逃げ、なかなか殺すことができません。これも、ノミの親がノミの子に「人の手が見えたら、すぐに跳んで逃げなければいけない」などと教えたためではありません。「ノミという形」が「ノミの心」を規定し、その心が命じた行動をしているだけなのです。

現代人の多くは、この「形によるの心」に関する話を聞くと、これは単純に「本能」によるものではないか、と考えるでしょう。しかし、もし梅岩が本能の話を知っても、この「形によるの心」の説を撤回しないと思われます。ただ単に、その本能ごとまとめて、形の中に入れてしまうに違いありません。

人間以外の動物は、「生まれながらの性」と「現実の心」が一致しているため、迷うこ

となく形に従った実践ができます。これがつまり、上の例で梅岩が一番伝えたかったことです。動物は、後天的な私欲を持たず、人間のような七情もないため、心が曇っていないのです。

『孟子』の中に、「人の形は天が与えたものである。ただ聖人だけが、形を実践することができる」という言葉がある。形を実践するとは、五倫の道を明らかに行なうことだ。形を実践することができないのは、小人である。畜類鳥類は私心がなく、かえって形を実践できる。これはすべて、自然の道理なのだ。聖人はこのことを知っている。

——『都鄙問答』

ここではまず、『孟子』の語が引用され、聖人のみが形を実践することができると述べられます。形の実践は、「五倫の道」を適切に行なうことです。五倫とは、先にも触れたように、儒学において説かれている五つの基本的な徳目を指します。少なくとも、梅岩が生きた時代においては、人の和を破壊しないために、経験世界において最も重視された道徳だったといえます。

聖人に対し、小人、すなわち特段優れた能力を持たない一般庶民は、形の実践をすることができない。それは、先にも指摘した通り、彼らの現実の心が、私欲や七情によって濁ったものとなってしまっているからです。

しかしながら、聖人が形の実践をした際、それが五倫の道から外れないというのは、どういった理屈からなのでしょうか。

これを論理的に解するのは、少々難しいものになります。厳密に考えるならば、こうなるでしょう。

聖人は性を知っており、ゆえに自身の形に従った実践を行うことが容易にできます。その実践が儒学の五倫と一致する理由は、梅岩の生きた世において、疑われることのないぐらい正しい徳目とされていたのが、五倫であるためでしょう。

性は人間の本性であり、人間は社会的な生き物である。そのことを踏まえれば、性を知った聖人が、時代にふさわしい道徳を遵守することは、決しておかしな話ではないからです。

仕事に打ち込むことが「形」の実践になる

それでは、普通の庶民が形の実践を行うためには、どうするのが適切なのでしょうか。これは、実は簡単な話なのです。すでに形を実践することができている、聖人にならえばよいからです。

天は物を生じ人々に与えて、それぞれの心を、聖人を通して民に知らせる。聖人は、天のように物を作り出すことはできない。天の力が届かないところを教えて、世を救うのだ。聖人がなければ天の徳はみられず、天の徳がなければ聖人の功徳もないだろう。

――『都鄙問答』

天理がもたらした徳を、普通の人間が独力で知ることは難しいはずです。しかし、性を知っている聖人は、それを感得し実践することができるため、これを通してであれば、誰もが知ることができるようになるでしょう。ただし、天の徳は天が生んだものであって、聖人はそれを実践しているに過ぎないことは、覚えておく必要があります。

そして、この「形によるの心」という考え方は、最終的に驚くべき場所に着地することとなります。五倫の実践が理に適っているということは、そういった徳目を是とする社会のありようもまた、理に適っていると判断することができるはずでしょう。そうであれば、その社会において自らが配置されている場所にも、理由があると信じるしかありません。

そう、この理屈によって、**人の形とは「自身の職分」であるということになるのです。職分とは、「その職に就いている者が、しなければならない仕事」を指します。**つまり、もっと直接的な表現に換えれば、「形とは仕事である」ということになります。

ここにおいて、人々は与えられた仕事に必然性を見出し、より精力的に働くこととなります。仕事に打ち込むことは、形の実践でもあるからです。

しかし、江戸時代には四民の別があり、仕事は階級によってかなり固定されていました。

梅岩は身分制度自体は認めていたわけですが、それは一体どういった理由からなのでしょうか。

天の道理は万物を生じて、その生じたもので以って、生じた他のものを養う。生じたるものが、生じたるものを食うのである。天の付与した理は万物同じだが、形に貴賤はある。貴いものが賤きものを食うのは、天の道である。また、仏教では草木国土悉皆成仏というので、万物皆が仏である。しかし、形に貴賤はある。

——『都鄙問答』

万物は天によって生み出され、万物に同じ理が宿っています。しかし、形には貴賤があると、梅岩は述べるのです。だから、「貴きものが賤きものを食う」のは、理に反したことではない、ということになります。なかなか衝撃的な表現です。

実は、ここに引いたのは、梅岩が「動物を食べることの是非」について禅僧に問われ、答えているものなのです。だから、「食う」という言い様は、特におかしなものではありません。しかし、形の貴賤を認め、貴いものが賤しいものを治めることを、梅岩は間違いなく認めているようです。これを時代的な限界といわれれば、そう認めるしかないことでしょう。

身分制を是認し、そこで決定された仕事を真面目に行えば、それは形の実践になり、理を解する一手段となり、性を知る助けになる。このような梅岩の教えを聴いた人々は、自身の仕事に必然性と深い意味を見出したのでしょう。

しかし、です。これがすべて正しければ、梅岩の思想は、世の政治体制を無批判に受容する思想のようにも感じられないでしょうか。

「形」とは「自分の置かれた状況」

梅岩の「形によるの心」は、長らくこのように理解されてきました。つまり、形は職分であり、職分は身分と切り離せないものであることを踏まえれば、結果として、心学は幕藩体制を礼賛し、その維持に与する思想ともいえることになってしまいます。これが梅岩研究にとって、一つの袋小路でした。

しかし、もしかするとわれわれは、江戸時代の身分制をやや誤解していたのではないでしょうか。身分の上下は確かにあったが、少なくとも「農工商」間の移動については、実際はそれほど難しいものではなかったといわれています。現に、梅岩は農民として生まれ、商人になりました。そして彼の生家は、武士を先祖に持つ石田家の分家でした。

また、形を理解する際に、最も重要となる「状況証拠」は、梅岩本人が人生の途上で商業から足を洗っており、そのことに対して一切の反省の意を示していないことです。これは、たとえば親の意思によって決められる丁稚奉公などとは異なり、自らが選択したことだけあって、相当に重要な意味を持つものでしょう。

さらにもう一点。梅岩が「形によるの心」を説明するときに用いた例、ボウフラと蚊を思い出してもらいたいと思います。彼らは、同じ虫の幼虫と成虫です。しかし、それぞれの形によって、心は異なり、行動も異なっていました。わざわざ、ボウフラと蚊を用いたのは、あるいは形が一生涯固定されるべきものではないということを、暗に示したかったからではないでしょうか。

以上のような理由から、梅岩の思想における形は、もう少し柔軟に解釈したほうが適切であるように思われます。具体的にいうならば、**この形というものは、「自分の置かれた状況」というのが、最もふさわしい解釈になるのではないかと考えています。**

梅岩自身は、決して当時の常識に盲従するような人物ではありませんでした。幕藩体制を、手放しに称揚するような精神も持っていません。それは、賤商観に対する忌憚のない批判からして、納得できるところでしょう。形を職分と切り離せない身分ととらえ、世の体制を全肯定したいのならば、わざわざ商業の意義を主張する必要などなかったはずです。

形というものを、「自分の置かれた状況」と考える理由は、他にもあります。梅岩は黒柳家に奉公し始めた頃、神道に興味があり、その教義を世間にもっと広めたいという希望を持っていました。しかし、丁稚として、さらには手代としての仕事も、一切手を抜かず行いました。後に、神道のみを広めようという気持ちは変化しましたが、継続して、学問を講義することには憧れ続けていたといいます。

この梅岩のエピソードは、形が職分だったとすれば、極めて問題が多いものとなります。商人という形でありながら、学者になりたいという強い希望を内に持ち続けていては、形に内在する理を解することなど、永遠に不可能ということにならないでしょうか。

しかし、梅岩は自分の人生のこの期間について、形の実践が不十分だったという批判をすることは、まったくありませんでした。おそらく、「自分の置かれた状況」での全力は尽くした、という思いがあったからでしょう。

そう、梅岩は人生のどの段階でも、できることはすべて行ってきました。しかし、あえてその置かれた立場に執着し、そこにしがみつくこともなかったのです。これは、形という概念を再考する際に、大きな材料となるはずだと思われます。

梅岩が当時の社会の体制や常識に対し、闘いを挑んだことは、賤商観の件以外にも、何度もありました。たとえば、彼は女性が置かれていた立場について、大いに不満を持っていたようです。その気持ちは、講義を行う際、自宅前に貼りだした文章にも表れていました。『斉家論』に、彼はこのようなことを記録しています。

だから、『孝経』や『小学』などを説き、その意味を知らせ、心を和らげて、上を貴び下を憐み、家業を怠けないようにと教えたい。それが私の志であり、和やかな雰囲気で説明するので、男女関係なくお望みであれば、無縁の方でも聞きにきなさいと、もう一つ書き付けを出した。ある学者がこれをみて、「儒書が女にわかるものか、奇妙な書き付けだな」と罵っていたと、教えてくれた人があった。そのとき私は答えて、「紫式部や清少納言、赤染衛門などを、その学者は男と思っているのだろうか」といった。教えてくれた人は、私の反論に賛同して、まったく笑止なことだといっていた。

——『斉家論』

学問は男性だけのものと、信じていた人は決して少数派ではなかったのです。梅岩は、そういった批判に対して粋な返しをしてみせていますが、こういった批判は相当数あったことでしょう。

今のような話を一つ取り上げてみても、梅岩が静かに体制を甘受するような人物ではなかったことは、よくわかるはずです。

「自分の置かれた状況」で励む

梅岩の考える「形の実践」を、「自分の置かれた状況」で励むことだととらえると、彼の学問全般は極めて理解しやすいものとなります。

何度も論じているように、梅岩の求めるところは「性を知る」状態に、自身を連れて行くことでありました。学問は、これを実現するための道具なのです。そして、形が「自分の置かれた状況」であるとすれば、いかなる立場の人間においても、形の実践が可能となり、これが「性を知る」ための修養の一環となるはずです。

性はすべての人間に共通していることから、「性を知る」状態にまで至れば、それは孔子や孟子など、聖人の心と一致したことをも意味します。このとき、天理は性に内包されていて、その理の命に従うことが、すなわち道徳的実践となる、とされていました。

著書のどこをみても、梅岩にいわゆる来世を語る姿勢は一切確認できません。修養は、あくまでこの世において、真の幸福を追求する手段ということなのでしょう。

そして、梅岩の心学は、日常の些細な一場面でも、修養の舞台に変えてしまうのです。たとえば、木綿を一疋購入し、それを二人で分けようと半分に切ったとき、織りのよいほうと、あまりよくないほうができてしまったとします。そのときに、自らはどちらを取るのが適切なのでしょうか。そして、その決断の理由はどういうものとなるのでしょうか。

これについて、梅岩は確信を持って、こう語っています。

孔子も、「自らが望まないことを、他の人にしてはいけない」といっている。自分が嫌だと思うことは、他の人も嫌がるものである。私が木綿を分けるならば、あなたに良好なほうを渡すだろう。あなたが分けるなら、私に良好なほうを渡すはずだ。また、あなたが織りの良好なほうを取り、私に悪質なほうを渡すならば、あなたに切り分けてもらったので、それも当然と納得する。このように考えておけば、いつでもうまく事が運ぶだろう。あなたに良質なものを渡せば、あなたは喜び、私は仁心を養うことになる。よいことではないか。

――『都鄙問答』

『論語』にあるように、相手の気持ちを一番に考えて、自分の取る木綿をどちらにするか決定することが大切であると、梅岩はいっています。

もし自分が切り分けたのなら、織りの良好なほうは相手に、悪いほうは自分のものとする。もし相手が切り分けて、自分に悪いほうを渡してきたとすれば、彼が切る作業を担当してくれたので、それを考えて不満なく受け取る。これが、先ほどの状況に対する、梅岩の回答です。

形を「自分の置かれた状況」と解釈すれば、この話も極めて納得できるものとなるはずです。自分で木綿を二つに分けて、それらに優劣ができてしまったというのも、「自分の置かれた状況」です。この状況で、理に従った行動を取るということ。それが、織りのよいほうを相手に譲る、というものになるのでしょう。

このように、形は日常のあらゆる場面に出現します。それは、たとえば仕事中のみに限りません。**どんな状況であっても、それ自体に不満を呈することを避け、適切な行動を選択すること。その一つひとつが、形の実践となって、心を磨いていくのです。**

なお、相手が木綿を切り分けて、織りの悪いほうを自分に渡してきたとき、梅岩は「心に仁を養うことができた」と思って、それを受け入れるといっています。金銭的な面で考えれば、この選択は損失かもしれません。しかし、形の実践としては、正解と断言できるものなのでしょう。なぜならば、これは私欲を克服した者にのみ可能となる行動であり、間違いなく道徳的であるとして、多くの人の共感を獲得するものだからです。

孟子も、「君子は命を捨ててでも、義者であることを選ぶ」といっている。君子は、命より義を優先するものだ。木綿は小さな話だ。しかし、たとえ一国を得て、大金を得るとしても、道に違う行為であれば、どうして不義を行なうだろうか。品物で損をしても、心を養う点で利益がある。これに勝ることが何かあるだろうか。

——『都鄙問答』

もし巨万の富や一国が手に入るのだとしても、道に背くことであれば、決してやってはいけない。それが『孟子』に書かれた教えであり、自分の信条だと、梅岩は力説しているのです。「自分の置かれた状況」で、私欲に惑わされることなく、義にかなう行為をすること。それが、形の実践にほかならないからです。

適切な感情と行為の繰り返しが、麗しい来世へのチケットになるという発想は、やはり梅岩の思想には微塵もありませんでした。この木綿の例でも納得できるように、彼は和合を重んじ、共同体が健全に維持されることを目標としています。これはある意味、厳しく、そして克己的な行為と受け取られてもおかしくないものでしょう。

しかし、心の状態の向上と、経験世界の改善を希求するこの道徳は、結果として、抜群に優秀な労働者を生むことになります。その理由は、もはやいうまでもないでしょう。**「自分の置かれた状況」で、常に道徳的行為を実践できる人間は、短期的な「自己の利益」に惑わされることがないために、安定した働き振りを発揮するからです。**

そして最も重要なことは、そのような人々の心が、常に幸福感に満たされていたことでしょう。これは思想の押し付けなどとは、まったく次元が違う話です。

心学者は、為政者に隷従することを、力強く拒絶します。心学によって育まれるのは、「個人主義的な個人」ではなく、「自律的な個人」にほかなりません。次章においては、心学が育んだ精神性を、現代的状況の下で、詳しく検討してみたいと考えています。

第6章

現代に生きる心学の精神

天災に襲われても日常生活を続ける日本人

石門心学の始まったのは、１７２９年のことでした。これは、石田梅岩が、京都の自宅で講義を始めた年です。

彼は精力的に講義を行い、数多くの門下生を育てましたが、活動範囲はほぼ京都と大坂に限られていました。彼の歿後、心学の教義は整理、体系化され、一気に全国に広がります。それは文字通り、爆発的と表現すべき広がり方でした。

江戸後期には、日本のあらゆる地域に住む、あらゆる階級の人々が、直接的、間接的に心学の影響を受けたといってもまったく大袈裟ではありません。

本章では、現代の、主に経済や経営に関わる問題について、心学の考え方からさまざまに考察してみたいと思っています。これによって、心学の輪郭はより明確なものとなり、この思想を現代に活かす方法も、具体的に考えることができるはずです。

現代日本の道徳の中には、心学の要素が明確に確認できるものもありますが、心学の影響がまったく感じられない道徳や、心学と対立するような思考の形式も見られます。それを心学のサイドから考えた際、どのような見解が提示できるかに関しても、検討してみたいと思います。

はじめに取り上げるのは、非常時における行動に関するものです。

たとえば、強い台風に襲われた朝。乗っていた通勤電車が止まってしまったとき、途中で降ろされた日本の労働者たちは、どちらに向かって歩くでしょうか。多くの人は、厳しい天候の中なのに、会社を目指して歩き始めるようです。これに対して、他のほとんどの国では、誰もが家のほうに歩くだろうといわれます。

日本の労働者たちは、なぜ悪天で電車が止まっているような状態なのに、それでも会社へ行こうとするのでしょうか。特に海外の人々は、このような日本人の行動が理解できず、疑問を呈することが多いようです。

「会社に洗脳されていて、毎日出社しなければ精神が破綻してしまうのだろう」などと、揶揄されることすらあります。もちろん、実際は洗脳などされていません。彼らは、悪天という非常事態においても、何かを維持し、継続しようとしているのです。それはいったい、何なのでしょうか。これは、ほかならぬ「日常」です。

日常を継続することの意義は、弁舌に尽くし難いものです。非常事態に襲われても、小売店は営業を続け、必要な商品を提供し続ける。もちろん、品薄になった商品を値上げするようなこともしない。周りの人々が、非常時も日常を継続させようとすることを確信できる社会は、極めて高い強度を持ちます。日頃から、安心して仕事をし、学校に通い、家庭生活を送ることができるからです。この環境は、経済力を高めるという意味においても、抜群というべきものとなるでしょう。

日本列島は天災に襲われることが多くあります。もちろん、江戸時代においても、それは同じでした。この日常を継続しようとする心性について、梅岩は興味深い事例と見解を記しています。次に引くのは、『斉家論』の一節です。

ある人が、こういった質問をしてきた。どちら様も、年末の支払いを順調に済まされ、正月を祝っている。私も人に会えば、まずは「おめでとうございます」といい、先方も「無事に年を重ねられて、おめでとうございます」という。しかし、私の心の内は苦しく、一切めでたくはない。その理由は、去年あった関東の洪水で、私の宝蔵のように思っていた3軒の得意先が、家財はおろか田畑まで流されてしまって、身体一つで命を助けられたばかりだからである。よって、当分の見舞金として30両余りを送ったので、なんとか飢えは凌げているようだ。しかしながら、売り場もすべて流れてしまったので、なかなか商売を再開することもできず、これまでの売り掛けを集めて払ってくれるのは、今年なのか来年なのか、いつになるのか知るのが難しい。

——『斉家論』

これは、ある商人が梅岩に相談にきて、自分の境遇を話しているところです。洪水によって、直接の被害はなかったものの、取引先が大変な状態となり、それを助ける行動に出たために、経済的に苦境に陥ってしまったことが、よく理解できます。

彼はこの後、梅岩に次のような質問をするのです。

日頃あなたの話を聞いていると、困難な状況にあるときでも、心を悩ませずに済むのが、学問の力であるといっている。このようなときは、どのようにして心を悩まさず、おめでとうと祝うことができるのだろうか。

――『斉家論』

この商人は、日頃から梅岩の講義を聴いていたようです。梅岩が繰り返し「困ったときに心を悩まさないのが、学問の力である」といっていたのを思い出して、相談に来たのでしょう。そして、「このような状況において、心を悩まさずに『明けましておめでとう』というようにには、どうしたらよいのだろうか」と、質問しているのです。

助け合いの社会

この商人の質問に対して、梅岩はどう答えるのでしょうか。大まかな回答の方向性は、彼の思想を把握していれば、想像することが可能なはずです。

私のいっていることを背かず用いるのならば、大変心安いことだ。望みの通り、万々歳を祝うべきだろう。祝うというのは、他のことではなく、正直を守ることなのだ。正直を守ろうと思うならば、まず名聞利欲から離れるべきである。

――『斉家論』

もちろんのこと、梅岩は新年のお祝いをすることを勧めました。「普段から自分が説いていることに従えば、そうなるはずだろう」と、梅岩は確信を持って、この回答を伝えているようです。

そして、お祝いをするというのは、正直を守ることでもある、といいます。正直とは、私欲に惑わされることのない精神状態であり、ここではその私欲を「名聞利欲」と説明しています。

名聞は名誉欲であり、世間の高い評判を求める気持ちで、利欲は文字通り、利を求める欲望です。名聞から離れるというのは、どう思われても気にする必要がないということなので、共感を重んじる梅岩の考え方にそぐわないように思う向きもあるかも知れません。

しかし、梅岩の求める共感は、人間本性からの共感であって、現実に多くの人から寄せられる共感ではないことに注意すべきでしょう。
そして、ここで相談者が恐れているのは、悪い評判のほうだと思われます。誤った価値観を持つ、ごく一部の人々からの悪口を気にしてはならない、ということをいいたいのでしょう。
結論として、梅岩は「私欲を離れてお祝いをすること」を奨励しているわけです。そして、得意先から売掛を回収できず、自らの支払いの元手もないのなら、家財一式を売り払って裸になればよいと伝えた後、このような話をしています。

人は生まれたとき、皆裸である。だけれども、裸で凍える赤子もいない。赤子は無智で、無欲の存在だが、まず産着を着せるものである。親が着せるのみではなく、親類まで持ち寄って着せようとする。人の心は、もともと慈悲深く、正直なところがあるので、あなたが裸になったその日から、感心した債権者たちが、寄り集まって服を着せるだろう。

——『斉家論』

すべての財産を失って、裸一貫となったとき、何が起きるのでしょうか。周囲から、救いの手が差し伸べられるはずであると、梅岩はいうのです。

赤子は生まれたときは裸だが、それで凍え死ぬわけではありません。なぜなら、周りの大人たちが、産着を与えるからです。これと同じように、裸一貫の商人をみて、債権者たちが助けてくれるはず。そう、梅岩は信じているようです。もちろん、誰もが借金を帳消しにするようなことはしないだろうが、事態は決して悪いものにはならないはず。梅岩はこのように、やや楽天的とも思われる回答を語っています。

しかし、考えてみると、この相談者が経済的危機に陥っているのは、洪水に遭った得意先から売掛を回収せず、さらには見舞金として30両もの大金を供出したからでした。善人の鑑のような行動と評してよいでしょう。洪水に遭った得意先の人々は、何もかも失って絶望の淵にいたはずです。そこに、売掛の請求も行わず、見舞金まで贈ってきた相談者を、彼らは神のように思ったに違いありません。だから次は、相談者が助けられる番であると、梅岩は考えたのでしょう。

これで了解されるように、非常時においても「日常を継続する心性」は、周囲の人々の助けを当てにしています。こういうと、随分勝手だと思われるかもしれません。しかし、何度でも繰り返すように、梅岩の思想の中枢には、「人は独りで生きることはできない」という真理が据えられています。だから、彼が互助の精神を重んじることは、まったく不自然ではないのです。

これを、「因果応報」のようなものととらえるのは、あまり正確ではないと思われます。**もっと自覚的に、自律的に、人は困った仲間を救うものだと、梅岩は考えているからです。**互助の確立した社会は、セーフティ・ネットの充実した社会でもあります。これ以上、人が安心して暮らし、仕事をできる環境は果たして存するでしょうか。

問題を自分のこととして受け止める

互助の精神は、さらに積極的に発揮されることがあります。いわゆる、ボランティアです。現代でも、非常事態が起きた際、活発に行われるこの奉仕活動に、梅岩も積極的に関わったことが知られています。

元文庚申の冬より、辛酉の春まで、上京下京の端々に、困窮した人が多くあったので、その冬は困窮の噂ばかりで、施行する人もいなかった。先生はこのことで心が痛み、門人をさまざまな所へ分けて派遣し、困窮の人がどのような状況か確認に行かせたところ、聞いていた以上に痛ましいことが多かったので、門人を連れて、3、4人ずつに分かれて、12月28日から毎日場所を変えて、銭を持って行って施しを行なった。翌年の1月2日よりは、所々に施行する人が多く現れた。

――『石田先生事蹟』

江戸時代には、定期的に米の不作の年があり、それによって深刻な飢饉が発生しました。梅岩は、人々が飢えている状況を聞いて、弟子たちとともに、ボランティア活動を行ったのです。その内容は、主に粥を無料で提供するものだったと伝えられています。これを可能にしたのは、おそらく豪商だった弟子たちの経済力でしょう。

梅岩はすでに働いておらず、講義自体も無料だったので、蓄えと、弟子たちが現物で提供する食料品などで生活していました。しかし、彼の弟子には、たとえば手島堵庵のような裕福な商家の主人や、その子息がいたため、彼らが進んで施行に必要な費用を提供したのだと思われます。

このような非常事態が発生した際も、周囲の人々が互助の精神を発揮し、助けの手を差し伸べてくれると期待できる社会においては、安心して経済活動を行うことができるはずです。

しかも、こういった活動は、いわゆる公的なものではなく、民間が自主的に行うものであるという点が、重要でしょう。仮に、良心が欠如した為政者が出てきたとしても、一般庶民に互助の精神が定着していれば、救援の活動は安定して行われることが期待できるからです。

国に多くを求めず、民間主導で困窮者を助けるという発想は、梅岩も強く依拠した儒学の政治哲学によって作られたものなのでしょう。「修身斉家治国平天下」という政治観は、世の中の安定が、個人が道徳的に向上することによってしか達成されないことを語るものだからです。「何かあれば国が助けてくれるだろう」と考える精神は、単なる責任の放棄でしかありません。

創始者からして積極的だったボランティア活動は、江戸時代の後期に至っても、心学の中で受け継がれていました。

たとえば、天保の飢饉（1833～1836年）の際、心学者の柴田鳩翁（1783～1839年）は弟子たちとともに、積極的に施行に出掛けています。この背景には、奉行所などが主体となっていた施行が、煩雑な手続きで実効性が乏しく、飢えた人々を十分に救えていなかったという事実があります。

公に任せるのではなく、自分たちの力で助けるという発想と行動力は、蘭学者として、あるいは画家としても名高い、かの渡辺崋山（1793～1841年）も感心したと伝えられています。

ここで梅岩に話を戻すと、彼はこのような互助精神で、世界を救えるなどと考えていたわけではありません。奉仕活動は人間の本性によるものですが、このような他者への愛を、梅岩は仁という用語で説明しています。彼は仁を、それほど大きなものと思っていませんでした。もちろん、困窮している人々全員を救済できるなどとも、まったく考えていなかったのです。

次に引くのは、梅岩の仁に関する考え方が述べられた一節です。

先生はこういっていた。心徳のことで重要なことなので、すぐには仁に至るのは難しいが、それほど心を酷使せず、身に苦労もさせず、お金も費やさなくても、一つか二つは仁の行なえることがある。万分の一であっても、行なえることを行なえば、それ相応の仁になって、善となるだろうと思うのがよい。だから、そのできることをメモとして書いておいた。一つの例を挙げれば、側溝から道に水が流れ込んでいたならば、浅い溝を掘って誘導し、水が道に外れるようにしておこう。これも仁である。

――『石田先生事蹟』

ボランティア精神は、文句なく素晴らしいものです。しかし、「非常事態が発生した際は、必ずボランティアを行うべし」などという決まりがある社会は、どうにも息が詰まるものとなるでしょう。そしてそれは、日常の活動に弊害をもたらすことにさえなるはずです。

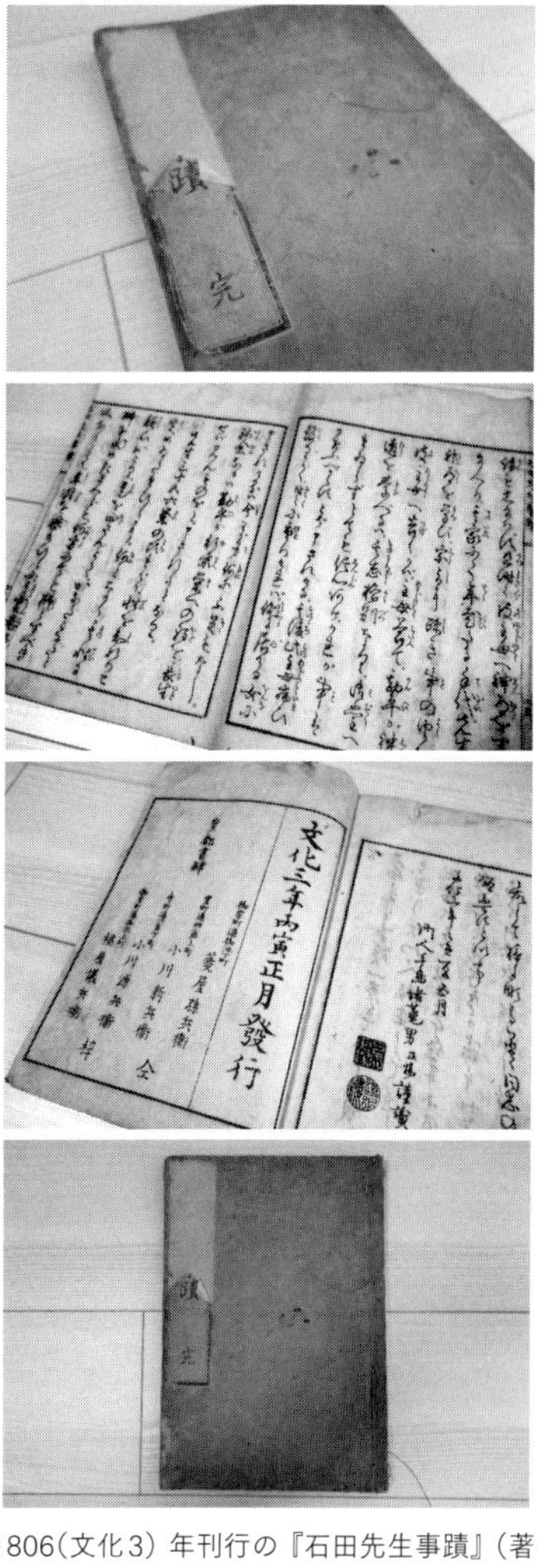

図10　1806(文化3) 年刊行の『石田先生事蹟』(著者所蔵)

梅岩の求める仁は、端的に表現すれば「できることをする」程度のものだったのです。たとえば、最後に記されている、側溝から道に水が流れ込んでいたときの話をみてほしいと思います。これぐらいで十分に仁だと、梅岩は考えていました。

互助も、この程度の仁によって為されるもので構わないわけです。無理を押して行うようなものではありません。ただ一つ忘れてはならないのは、人々の苦しみや問題を、自分のものとして受け止める心構えでしょう。

「もったいない」精神

「日常を継続する心性」と並んで、心学の影響が強いと思われる日本の道徳に、「モッタイナイ」というものがあります。この仏教由来の日本語は、２００４年にノーベル平和賞を受賞した環境保護活動家のワンガリ・マータイ（１９４０〜２０１１年）が使い始めて、一気に国際化しました。

彼女が使用したモッタイナイは、背景に発展途上国における食料不足や自然破壊があり、人類が生存できる地球環境が長期的に維持される条件を整えるための、理念を表すものでした。よって、人間も生態系の一員であり、人間の生活と自然との調和や共存を目指す思想であるエコロジー（ecology）に、極めて近いものととらえてよいでしょう。

図11　ワンガリ・マータイ
©ZUMAPRESS/amanaimages

しかし、かつての日本においては、このような考え方は、至極当たり前のものとして実践されていました。特に、無駄を出さないこと、再利用をすることなどは、江戸時代の後期において、高い完成度でシステム化されていたことが知られています。

たとえば、古紙や古布を買い取る「紙屑買《かみくずかい》」や、田畑の肥料にするために屎尿《しにょう》を買い取る「肥取《こえとり》」、煙管の修理や交換の専門業者「羅宇《らう》屋」、女性の抜け髪などを買い集める「髪買」、今も健在の「古着屋」など、江戸をはじめ、多くの都市には、物を無駄にせず再利用するための業者が多く存在しました。

梅岩の思想が、こういった考え方を「創始した」とするのはややいい過ぎだと思われますが、間違いなく「大きく補強した」ものではあります。

そして、この倹約は、先ほどの互助の精神とも大いに関連があります。仮に、倹約を単純に節約の意味に取ったとしても、互助のためには倹約が必要だということがいえるのです。

次に引くのは、『都鄙問答』に収められた文章です。「ある人」が「自分の働いている店の主人が、ほとんど金を使わない割に計算が細かく、しかし経済的に困っている臨時の雇い人には多くの米穀などを与えたりすることについて、どう思うか」という質問をし、それに梅岩が答えているところです。

金銀は、天下の宝である。それぞれの人は、お互いに助け合う役目があることを、知っているように察せられる。だから困窮している人を多く救い、また助けた者たちから「ありがとうございます」と、しみじみ礼をいわれなくても、それを嫌と思わないのは、聖人であってもそこまでできないのではないか、と思うほどである。『孟子』には、「庶民にある程度の財産がなければ、心もない」という言葉がある。庶民に知恵がないのは、普通のことである。その愚かであることを知って、相手がこちらの慈悲を知らなくても構わず、他人の憂いを救済することを自分の任務だとする。よく貯え、よく施す、あなたの今の主人は学問を好むとは聞いていないが、たとえ一字も学んだことがなくても、真の学者である。

——『都鄙問答』

梅岩は、質問してきた「ある人」の主人を絶賛しています。仮に学問を好まないにしても、彼は「真の学者である」と言い切っています。その理由は、「ある人」の主人が、正しい道徳的実践をしているからであり、倹約の意味を深く理解しているからです。「ある人」の主人は、計算に細かく、金をほとんど使わない。しかし、この節約によって、十分な貯蓄があるものと推察されます。だから、困っている臨時の従業員に、多くの米穀を与えることができるのでしょう。

人間は互助の精神を持たなければならないのですが、いかにそれを持っていても、ある程度の金銭的余裕がない限り、行動に移すのは難しいはずです。日頃からの倹約は、互助を実践可能とする大切なものなのです。

従業員を大切に扱う

梅岩の倹約という概念を携えて、現代の労働市場をみたとき、物悲しい気持ちにならずにいるのは難しいことです。

厚生労働省の調査によれば、2014年の時点で、役員を除く雇用者全体のうち、37・4%が非正規雇用だったそうです。実に、三人に一人以上の雇用者が、企業と非正規雇用の契約を交わしていることになります。日本において非正規雇用率が急激に増えたのは、1994年から2004年の10年間で、この間に20・3%から31・4%に、つまり10%以上も上昇したことになります。

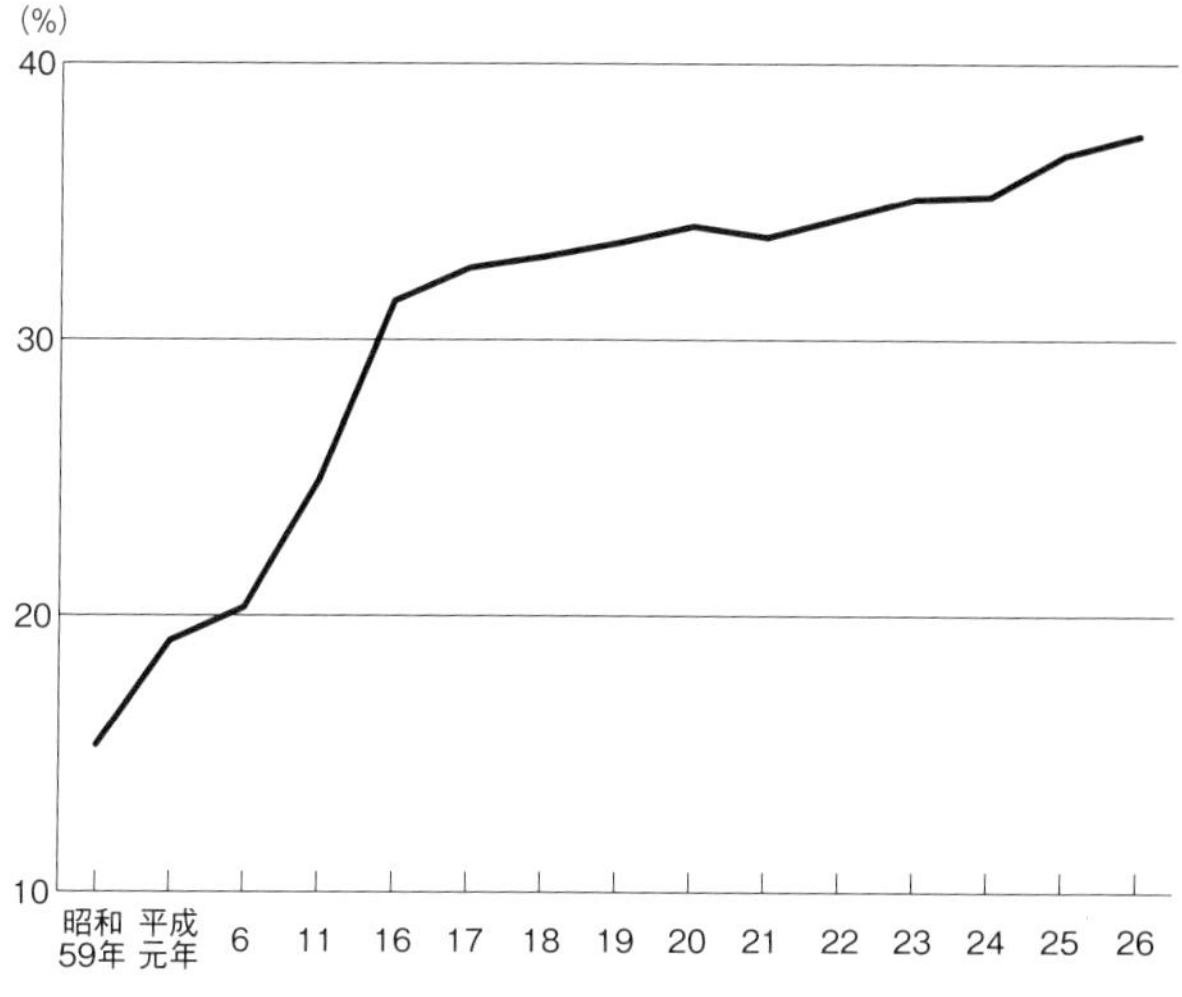

＊厚生労働省ウェブサイトの資料に基づき作成

図12　役員を除く雇用者の人数における非正規雇用労働者の割合の推移

企業が、従業員に占める非正規雇用率を高めるのは、主に、人件費を低く抑えるためと、業績に応じて人員整理がしやすくなるためといわれています。企業は市場で競争し、勝ち残らなければなりません。商品を売る際には、競合他社より1円でも安く商品を売らなければならず、そのためにはあらゆる「無駄」を削る必要がある。人件費も、その無駄の一つに数えられたわけです。正規に雇用すれば、福利厚生のために多額の費用が必要になる上、自社の業績に応じて首を切ることも難しくなってしまいます。

そこで、目をつけられたのが、非正規雇用なのです。日本型の終身雇用、年功序列システムでは、市場で戦えないと判断されました。勝ち抜くためには、会社を可能な限り身軽にしなくてはならなくなったのです。家族主義的といわれた日本の企業は、いうなれば、家族の数を減らし、足りない労働力を、他人である「助っ人」を迎えることで埋め合わせる戦略を選んだわけです。

ただし、家族である正社員を減らすことは、正規雇用の新入社員をあまり採用しないというだけでは、達成するのが難しかったようです。そこで採られた策が、いわゆる「肩たたき」です。すでに雇用されている正規社員を辞めさせることを、本来は再構築の意味であるリストラクチャリングという語を使って表現したことは、極めて興味深い事実でしょう。正社員を放逐することは、彼らが「雇用を失うこと」ではなく、会社が「再構築されること」ととらえられたのですから。

「失われた20年」における日本経済は、主に大企業の従業員に対する扱いによって、容易に浮上できないほどのダメージを負いました。ここにあるのは、経済的ルールのみならず、広く法律も含めた、ルール至上主義です。労働者派遣法に抵触していないから、という理由を得て、そこで思考を停止させる経営者に、自律性は微塵も感じられません。

時間は後戻りできませんが、この20年で日本が失った優秀な労働者の数は、おびただしいものでしょう。これは、優れた正社員を追い出したことだけを意味しません。正社員として入社し、その安定した条件の下、指導や研修を受けることで高い能力を発現したであろう人々を、永遠に失ってしまったのです。

梅岩は、倹約とは出て行くお金を減らすことだけではなく、場合によってはお金を使うことでもあると説いていました。優れた働きをした従業員に、積極的に臨時の手当てを与えれば、彼はさらにやる気を出し、高い能力を発揮するかもしれません。そして、そういった経営者の姿勢をみた他の従業員たちも、よりよい仕事をしようと、奮い立つことでしょう。

失敗した経営者の多くは、単純に数字だけをみて、従業員の本性を把握することを怠っていたのではないでしょうか。商品の価格、原価率、売上高、そういった数字を正確に知り、分析するのも重要な仕事です。しかし、従業員は全員、1度きりの人生を生きる人間なのです。それぞれの顔をみて、本性を引き出す努力をせずして、会社の長期的な成長が実現されることはないと考えるべきでしょう。

『斉家論』に、梅岩は興味深いことを記しています。それは、人を導く者の心構えとでもいうべきものです。

私は愚かな身であるが、儒者であることを職業にしている。心ある人には賤しめられることが多いだろうと、常々恥じて恐れている。しかし、聖賢の道を説くからには、自分のことを適当に扱ってはならないのである。すべての人は、自分に貴いところがある。教え導くときは、自分から聖賢の道に入って、礼儀をわきまえなければならない。わきまえないのは、禽獣と同じなのだ。

――『斉家論』

これは、儒者として講義を行う、梅岩本人が心掛けていることを記したものですが、およそ、人に影響を与え、導こうとする者には、共通する話だと思われます。梅岩はいいます、**もし自分が愚かであっても、決して自分を適当に扱ってはならない**、と。すべての人間は本性に貴いものを持っており、人を導く以上、聖賢の道に従い、礼儀をわきまえなければならないのです。これは、他者を動かす力や地位を持つ者にとって、必要条件となるものでしょう。

企業の経営に携わる者も、これと同じなのです。たとえ、**自分が拙《つたな》いと感じていても、本性に従うために、日々努力を続けなければなりません。**それは、正しい倹約の道を知覚し、従業員に教え示していくことも意味します。

少なくとも日本の経営は、近世の終わりから長きにわたって、真の倹約を重んじてきました。会社を家族と考えるのは、時代遅れだといわれます。しかし、そういった発言を始めたのは、一体誰でしょうか。少なくとも、日本の文化から出てきた声ではないように思われます。それは、ルール至上主義に侵された他文化から発せられたものではないでしょうか。

長期的な経営の安定を考える際に、ルールの遵守と数字の計算を最優先し、哲学を欠落させた判断にのみ頼ることは、極めて危険です。これは、歴史が警告していることなのです。

消費の欲望はどのように起こるのか

現代の経済的問題を考えていると、必ずこれが現れます。そう、消費をどう考えるか、です。消費を煽ることは、少なくとも心学から考えれば、適切な行為とはいえない。このことは、すでに幾度か述べてきました。しかし、ここではもう一度、消費という最難問の一つに触れることにしたいと思います。

消費を促す心性は、主に私欲から発生します。私欲とは、「自己の利益」を追い求める心であり、過度のそれは、共同体の維持にとって大きな問題となります。「中立的な観察者」がみて拒絶する行為は、道徳的に否定されると、スミスも力説していました。

梅岩のとらえ方も、これに極めて近いものがあります。本性を知ろうと努力しない人間に、市場参加は許されません。道徳的に幼稚な者の行為は、適法であっても、共同体のチームワークを乱し、人間が人間らしく生存する条件を危うくするからです。

それでは、当初は私欲を持たなかった人間は、どのような経緯で、消費に駆り立てられることになるのでしょうか。これについて、『斉家論』に次のような記述があります。

奉公に出るような者は、中には親元が不自由ではない人もいるが、多くは実家が貧しいという理由で奉公に出すのである。親元が豊かであれば、乳母も付けて養い育てるものだ。しかし、貧しいために、親の手元から離れ、遠くまで奉公に出すので、さぞ悲しく不便に思うだろうが、これは助けることもできない。また、助けようとすれば、助けられることは、助けたいものだ。かつて田舎から出てきた奉公人は、布子一枚、単衣一重あれば、十分と思っていた。

——『斉家論』

この話は、当初は無欲な貧しい家の子が奉公に出て、どのようにして消費の欲望を持ち始めるか、その説明になっているものです。梅岩の生家は、いわゆる貧農ではありませんでしたが、幼くして奉公に出た経験を持つことから、ここには実感がこもっているのでしょう。

奉公に出た子は、はじめは赤子の心のように私欲がありません。そして、持たされた布子一枚、単衣一重があれば、それで満足しています。しかし、奉公先で働いているうちに、だんだんと変化が起き始めるのです。先ほどの続きに、戻ってみましょう。

しかし、半年か一年が過ぎれば、同輩の衣類が多いのをみて、羨ましく思って、不自由な暮らしの親元に伝えると、親はそれを聞いただけで不憫に思い、借金をしてでも一つ、また一つとこしらえて、送ってくる。もう大丈夫かと思っていると、また足りないものを伝えてくるものの、こしらえることは難しく、だが送らなければ子が不憫である。何としても送ってやりたいと思って、悩み煩う者が多く、痛ましいことだ。

――『斉家論』

半年か一年ほど過ぎると、奉公に出た子は思い始めます。周りで働く同僚たちは多くの衣服を持っているのに、自分にはそれがない。だから、自分も同じようにいろいろな衣服を所持して、着替えてみたい、と。

そして、彼は郷里の親に、手紙を出すのです。「自分も他に服が欲しいので、買ってくれませんか」。それを読んだ親は、ただでさえ幼い我が子を奉公に出している罪悪感から、借金などをしても、希望する服を送ってやることでしょう。

そして、「これで一件落着かと思いきや、子からまた、手紙が送られてきます。読むと、「これがほしい、あれがほしい」と書いてある。その理由は、いつも同じです。周りの人たちが持っているから、これです。貧しい親は困り果てて、どうすればよいかと思い悩むのです。

この話は、人間がどのようにして消費に向かうのか、わかりやすく教えてくれるものでしょう。消費の欲望は、自然と生まれてくるものではない。周囲に刺激されることによって、はじめて心の中で姿を成すのです。だから、この消費への欲望は、必要という理由から出たものではありません。

そして恐ろしいことに、これを買ったから、あれを買ったからといって、収束することもないのです。消費欲は、底なし沼です。なぜなら、その始まりが「周囲が持っているから」という理由だからです。

この欲望に従って生きたとき、人はどうなってしまうのでしょうか。欲望は永遠ですが、財産は永遠ではありません。だから、先ほどの奉公人の親のように、借金を重ねることになります。尽きることない、空虚な欲望の対象を追い続けるために、お金を使い続けることになるのでしょう。

これは、少々大袈裟な話でしょうか。いや、決してそうではありません。この奉公人は、現代人の戯画でもあるように思えます。

消費は自らを破綻させ、家を滅ぼし、そして安定した共同体を崩壊させるのです。人間が人間として生きていく条件を、失わせるのです。そこまでに至らない人も、もちろんいるでしょう。しかし、消費に心を乗っ取られたが最後、確かな価値観を自身の内に育てるのが極めて困難になります。一生、市場に翻弄されて、踊り続けるしかなくなるのです。

環境を批判する前に自分のあり方を反省する

現代的問題を、心学を用いつつ考える本章において、最後のテーマとしたいのが、仕事と自己実現に関するものです。このテーマは、これまでに考えてきた問題とも、深層でリンクしているように思われるからです。

今の日本には、職業選択の自由があります。もちろん、各種の条件や選抜があるため、望めば必ずその職に就けるという保証はありません。しかし、誰もが自分の好きな仕事を選んで、それに挑戦することは可能です。

しかし、選択肢が増えるということは、必ずしも人間を幸せにするものではありません。それに、すべての情報を入手することは、原理的に不可能でしょう。だから、多くの人は、ある程度身近だったり、情報が入手できたりする仕事を選択することになります。そして、無事に就職した後、人々の多くが考えることがあります。それは、「この仕事は自分に合っているのか」ということです。

職業を選択する時点から、仕事には適性というものがあり、自らに適合した職種や企業、勤務地などを探そうとします。それは、決しておかしなことではありません。しかし、この**適性というものを絶対視し、過信することから、「自分が仕事に合わせる」という発想が、社会から失われつつあるように思われます。**

そして、これは仕事のみに限らないことです。あらゆる環境に関して、「自分に合うものと合わないものがある」という思考を、現代人の多くが持ち始めています。これは哲学的にいえば、「確固たる自分」、「すでに完成している自分」が想定されていることを意味します。「確固たる自分」というピースにはまる環境を、まるで青い鳥を追うように、探し求めることが是であるとする社会になりつつあるのです。

この話が難しいのは、実際に悪質な仕事や職場があることで、たとえば就職して早々に退職した人々のすべてが、こういった適性に関する考え方を共有しているとは断言できません。

しかし、若者に限らず、今の日本社会には、環境に合わせるより、自分に合う環境を追求する人々が多数派を占めているように思われる現象が多いのです。

東洋経済新報社が発行する『就職四季報』には、2005年秋発売の2007年版から、企業毎に「3年後離職率」が掲載されるようになりました。これは、ブラック企業をあぶり出す効果もあるものでしょう。しかし、職場に特段の問題がなくとも、「この会社は自分に合わない」と、マッチング上の問題を見つけて早々に去っていく若者も多くいることは、忘れてはなりません。

この「確固たる自分」を前提とした生き方は、人に「善き生」をもたらすものでしょうか。もちろん、これが自分の天職だと思うような場所に、幸運にもたどり着ける者もいるでしょう。しかし、それが本当に本人にとってプラスなのかどうか、疑問を呈せざるを得ません。**少なくとも梅岩ならば、「早々に見つけた天職」を、人の正しい成長を阻害するものとして、否定することでしょう。**

梅岩の説いた「形によるの心」は、仕事を含む環境の中で全力を尽くすことによって、自らの本性に近づくべしとする考え方でした。それはつまり、自分というものは、基本的に「完成していない」ことを前提とするものです。では、人間はいつ完成するのでしょうか。梅岩ならば、一生完成しない、というはずです。

梅岩は11歳のときにはじめて奉公に出ましたが、その商家の状況が悪くなり、15歳で故郷に戻りました。そのとき、母親から「なぜ奉公先の商売が厳しい状況になったことを伝えなかったのか」と問われて、次のように答えたといいます。

自分が京都に上ることになって、家を出るとき、草鞋を履くのをみて、父母が「おまえを我が家で養うのは難しいので、今から奉公に出すことになった。このあと、京都で主人ができるので、そこで出世しなさい。主人は養ってくれるだけではなく、最後には独り立ちをさせてくれる人なので、親であり主であると思い、大切に奉公すべきである」といった。だから、今までその言葉を守っていたのだ。親と思う人のことなので、どうして不足などあるだろうか、というと、母も涙を落し、「よくいわなかったものだ」と、深く悦び、さらに慈しみ、大切にされるようになった。

——『石田先生事蹟』

梅岩が商売の傾いた奉公先から離れなかった理由は、両親から教えられた通り、奉公先の主人を新たな親と思っていたからです。しかし、この行動は、後の梅岩からみても、適切なものと評価されたことでしょう。自分というものは、与えられた状況を受け入れ、そこで最善の努力をしない限り、正しく姿を現すことがないからです。

現代と江戸時代では、時代が違いすぎる。そういう意見も、間違いなくあるでしょう。もちろん、それは了解済みのことです。しかし、それでもなお、とにかく自分にあった環境を探すことが正しいとするような思考には、大きな問題が存すると思われます。「確固たる自分」を前提とした生き方は、環境を否定し、他者を尊重しない生き方につながるかもしれません。

心学の教えの最も肝要なポイントは、何か問題を感じ取ったとき、環境を批判するより前に、自分のあり方を反省することにありました。これを埃にまみれた思想として批判するのも、また自由でしょう。しかし、今に続く日本経済の強い芯は、心学なくしては作られ得なかったことも、また疑いが入れられないことなのです。

第7章
江戸時代のドラッカー

江戸の商人は優秀だった

江戸時代の思想を、そのまま現代を分析するツールとして用いるのは、決して簡単なことではありません。

前章では、現代的な問題を絡ませつつ、梅岩の思想をより深く考察してみました。しかし、その際に、多少の違和感はあったはずです。近世と現代では、社会の体制も、人の考え方も、そして自然環境までも、大きく異なっているからです。江戸時代中期に完成した思想で現代を眺めることに、本当に意味はあるのか。そう思われた向きもあったかも知れません。

しかし、いかに古いものであっても、本当によく練られた思想というものは、時代的な制約をこえて、何度も生き返るものです。それはたとえれば、「本物の」美術品に近い。真に優れた美術品は、いかに長い時間が経過しようとも、その価値が変わることはありません。

本章では、梅岩と、ある偉大な現代の思想家とを比較して、語ってみたいと考えています。その偉大な思想家とは、誰あろうピーター・ドラッカー（1909～2005年）です。

図13　ピーター・ドラッカー
© Sipa press/amanaimages

ドラッカーは、翻訳も多く、日本で広く親しまれている研究者です。それどころか、彼の考え方は、多くの経営者に支持され、その影響力は世界中に広がっています。

ドラッカーが梅岩の心学から何らかの影響を受けたということは、とても考えにくいところです。しかし、意外なことに、彼の用語や概念、そして思考の方法を学び、それを通して梅岩を眺めると、さまざまな教説が、極めて理解しやすくなるように思うのです。

実は、心学に近代化への力を感じ取ったベラーも、梅岩をそのまま読んだというより、カルヴァンやウェーバーの思想と比較して把握した感があります。「思想を何にも拠らずに読む」というのは意外と難しく、場合によってはそれがほとんど不可能な場合すらあります。

別人の思想と比較しつつ読むという行為は、その思想の本来の意味を歪め、さまざまな可能性を減じてしまうこともあります。しかし逆に、たとえば現代の思想家の考え方を借りつつ、古い時代のテキストを読み進めることによって、その現代的意義が判明することも多々あります。ドラッカーを通して梅岩を読むことには、この利点があると、私は信じています。

ところで、心学とドラッカーの思想を比較する前に、一点興味深い事実を挙げておきます。ドラッカーは、極めて頻繁に日本の企業や雇用に関する話をしましたが、それは現代に関するものだけではありません。江戸時代の日本に関しても、言及したことがありました。それは、彼の主著『マネジメント』で確認できます。

少し長くなりますが、該当箇所を引いてみましょう。

マーケティングは一六五〇年ごろの日本において、三井家の創始者によって考案された。その人物が江戸に上って開いた店は、百貨店のさきがけと呼べそうである。彼はシアーズ・ローバックの基本方針を、すでに二五〇年も前に先取りしていた。顧客のための仕入れ役を担う。顧客にふさわしい商品を企画し、生産者を育成する。顧客から求められれば、無条件で返品を受けつける。単一の技術、製品カテゴリー、業務プロセスに注力するのではなく、幅広い品揃えを行う……。氏はまた、当時の日本では社会が変化した影響により、かつてない潜在顧客層、すなわち、新たな上・中産階級が生まれたことを見て取っていた。

——『マネジメント』

このように、ドラッカーは三井家を江戸時代におけるマーケティングの「発見者」と高く評価しています。しかし、本当に重要なのは、先ほどの後に続いている箇所でしょう。

これらの気づきをもとに、三井家の創始者およびその後継者たちは商売を広げ、日本最大の小売業、三越百貨店グループを築いたばかりか、メーカー、商社、金融などからなる日本有数の財閥へと躍進させたのである。

――『マネジメント』

この文章がなぜ重要なのか。それは、ドラッカーが、江戸時代における三井家の考え方と、後の三井財閥のそれに、連続性を認めている点です。

江戸時代の商人の思想など、古くて使い物にならず、西洋から入ってきた先進的な考え方によって、明治日本は近代的な経済システムを作り上げることができた。なんとなく、このように思っている人もきっと多いはずです。歴史に関心のある人は、明治維新以降、列強から大量にやってきた「お雇い外国人」の合理的な考え方こそが、日本人に正しい経済の知識を与えた、ととらえているかもしれません。

しかし、ドラッカーの先ほどの文章は、そういった認識を、少なくとも部分的には否定するものとなっています。三井家は、海外からもたらされた経営ノウハウを使って、繁盛

図14　三井高利が開いた呉服店、越後屋の様子

したのではありません。自らの経験と知恵で、マーケティングという新しい手法を見出したのです。私自身は、ドラッカーによるこの分析は、まったくもって正しいと考えています。

そう、江戸の商人は意外と優秀だった。このことを前提として、ドラッカーの助けを借りつつ、心学を再考してみたいと思います。

私欲は人間の本性ではない

梅岩のみならず、スミスも考え続けたことに、「自己の利益」を追い求める行為が、人間の本性に基づくものか、という問題がありました。

スミスの説によれば、利害関係を持たない第三者によって共感されることのない感情や行為は、反道徳的なものです。強い利己的行動は、共同体に生きる人間という存在にとって、共感から程遠いものであり、人の調和を乱す可能性すら持つからでした。梅岩は、性は無欲なものだとして、スミス以上に「自己の利益」の追求を批判しています。

ただし、スミスはもちろん、梅岩も、経済活動自体を問題視することはありません。商業に関しても、人間社会が維持される上で、欠くべからざるものとして肯定しています。私欲を批判する梅岩でしたが、正しい商行為の結果として、財を成すことは、まったく問題がないと力説しました。

こういった話を踏まえつつ、ドラッカーの考え方をみてみましょう。次に引用するのは、ドラッカーが32歳のときに出版した『産業人の未来』からの一節です。

商業社会が、その「商業主義」によって人間を堕落させ、金に目のくらんだ豚にしたという非難には根拠がない。個人の行動と社会の構造を混同してはならない。商業社会は、人間の富への関心を増大させなかった。人間の本質を変えなかった。実際、いかなる社会といえども人間の本質を変えることはできない。

――『産業人の未来』

ドラッカーの思想が多くの人々の心をつかみ、経営を超えて生き方の基盤まで提供するものとなり得るのは、彼が常に「人間とは何か」という根源的な問いから議論をスタートしているからです。

そして、彼のような姿勢は、学問がタコ壺化した現代では稀ですが、19世紀まではスタンダードなものでした。事実、スミスも梅岩も、同一の問いを忘れることなく、研究を続けています。

先ほどの引用箇所に戻りましょう。ドラッカーは、商業社会が人間の本質を変えたという事実は、一切ないと断言しています。そしてその前には、「商業社会は、人間の富への関心を増大させなかった」という一文があります。

もうおわかりの通り、ドラッカーは人間の本質に、強い「富への関心」はない、ととらえています。今、私は「強い」という修飾語をつけましたが、それは、人間は生きていく以上、必要最低限の「富への関心」はあって当然だからです。

また、『マネジメント』において、企業の本性を探った箇所で、このようなことも述べています。

利益は原因ではなく結果である。マーケティング、イノベーション、生産性などの面で企業が成果をあげると、その結果として利益が生じるのだ。これは必要とされる結果であり、経済の本質的な働きにも沿っている。

――『マネジメント』

人間の本性に、強い「富への関心」はなく、企業が活動する原因とは「利益」の追求ではない。利益は活動の結果であるとする点は、梅岩とまったく同じです。そして、結果として得られた利益を肯定する点も、両者に共通しています。

ドラッカーは、明らかに人の本質、本性の中に強い私欲を見つけていません。金儲けをしたい、という欲求から企業を始めることも、過ちだと説いています。ここから考えて、消費の欲望も、人が本来持っているものと考えていないことは明らかです。

梅岩は、私欲によって動く人間を否定し、商業においては「自分も立ち行き、先方も立ち行く」ことを理念としていました。そして、取引関係にある人々のみならず、すべての行為は公のためにあるべきとも説いています。

現代人がこれだけを聞くと、禁欲的で宗教的な思想に思うかもしれません。しかし、極めて現代的、いや未来を先取りした思想家とすら受け取られているドラッカーは、梅岩とまったく同じように、人間の行為は公共の利益を志向しなくてはならないと、主張しているのです。そのことを、次に考えてみたいと思います。

社会的責任を果たすのは企業の義務

企業は、自らの利益を追求するだけではなく、社会的責任を全うすべきだ。このような意見が聞かれ始めて、ずいぶん経ちます。今や、企業の社会的責任、いわゆるＣＳＲ（Corporate Social Responsibility）は、至極当然のことであり、これを経営理念の中に含めていない企業を探すのは難しくなりました。

しかし、ドラッカーの企業論は、ただＣＳＲを全うしていれば問題なし、というような甘いものではありません。もちろん、すべての企業は社会的な責任を負っています。ただし、企業が勝手に、自らのＣＳＲを規定することはできないのです。

まず、企業を含めた組織というものが何か、ドラッカーの考えをみてみましょう。

組織社会において、組織はそれぞれ特有の使命をもつ。組織は、一つの使命に関してのみ有能であり、そのように専門化している場合においてのみ成果をあげるだけの能力を保持する。組織は、自らの専門的な能力、価値観、機能を超える問題に取り組むとき、自らと社会の双方に対して害を及ぼす。

——『ポスト資本主義社会』

おそらく、引用箇所で最も重要なのは「組織はそれぞれ特有の使命をもつ」という一節でしょう。組織に使命があるということは、それを超えるもの、無関係なものをＣＳＲととらえることは錯誤となるはずです。

それをわかりやすく伝えるため、ドラッカーはこのような実例を挙げています。

アメリカの病院は、都市部のクリニックにおいて都市部特有の社会問題に取り組もうとしたが、何の貢献もできなかった。アメリカの学校も、人種差別撤廃を図って無惨に失敗した。いずれも大義は疑いなく善だった。大義が行動を求めていた。しかし必要とされていた行動、そして彼らが選択した行動は、彼らの焦点や機能の埒外にあった。しかも能力をはるかに上回っていた。

——『ポスト資本主義社会』

社会的に考えて「善」であることが間違いない活動であっても、それが自らの組織の使命ではない、あるいは使命を超えている場合、その活動は失敗となる。ドラッカーは、こう主張するのです。

これは相当厳しい話でしょう。なぜなら、現代においても、CSRを「奉仕活動」のようにとらえている経営者は、相当数いるはずだからです。個人でたとえれば、交通費も自腹でボランティアに参加してみたところ、「君はこのボランティアに適性がないので、帰ってください」といわれるようなものではないか。そのように感じる人も、少なくないはずです。

しかし、これは実は誤りです。**CSRは奉仕活動ではないからです。それは、企業が存在する使命の一つで、するしないを自分で選択できる類のものではありません。これは、**

企業の義務であり、より正確にいうならば、企業の本性なのです。

経済的な業績こそ企業の第一の責任である。少なくとも資本のコストに見合うだけの利益をあげない企業は、社会的に無責任である。社会の資源を浪費しているにすぎない。企業にとっては、経済的な業績が基本である。業績をあげられなければ、企業は他のいかなる責任も遂行できない。よき雇用者にも、よき市民にも、よき隣人にもなれない。しかし、経済的な業績だけが企業の唯一の責任ではない。また、教育上の成果だけが学校の唯一の責任ではない。医療上の成果だけが病院の唯一の責任ではない。

――『ポスト資本主義社会』

それでは、経済的な業績を上げる以外に、企業はどのような活動をすればよいのでしょうか。そして、それをどの程度行えば適切であると社会は受け取ってくれるのでしょうか。

これに、定型的な、そして数量的な答えはないのです。それを残酷だと思うかもしれません。しかし、人があらかじめ「君はこういう学校に通って、こういう職業について、こういう家庭を築くでしょう」などということを誰からも教えられないのと同様、企業も、日々情報を収集し、思考することを止めず、自らの本性を自ら探っていくしかないのです。

共同体の重要性

企業は、どうあるのが適切なのか。この質問は、梅岩流に換言すれば、「性を知る」ことによってのみ解決をみることとなるでしょう。梅岩は、さすがに企業については語っていませんが、それぞれの職業にふさわしいあり方は、具体的に考察しました。そのすべてに共通していたこととして、私欲を抑え、他者のことを思いやること、この二つが挙げられます。

前節から引用しているドラッカーの著作『ポスト資本主義社会』は、相当最近のことを扱ったものです。彼がこの本で展開したのは、1990年代以降のアメリカやヨーロッパにおいて、実現しつつある「知識社会」に関する議論です。

しかし、すでに引用した箇所で明らかなように、これは決して歴史における特定の時期にしか適用できない話ではありません。それは、梅岩の議論が、幕藩体制が維持されていた時代にのみ適用可能なものではないことと、同じです。人間の本性は、どれほど時が流れても、変わることのないものだからです。

共同体を維持することの重要性は、梅岩もスミスも、痛いほど感じていました。もちろん、彼らが理想としていた共同体の具体的な姿は、決して近いものではなかったはずです。しかし、人が共同体の中でしか「善き生」を送れないことについては、両者とも完全に一致していました。

ただし、共同体というものを哲学的に掘り下げることについては、スミス以上に、梅岩のほうが得意とするところでした。

梅岩が共同体にこだわったのは、彼の思想の中核に、儒学があったためでもあります。すでに触れたように、儒学の政治哲学の基本は、「修身斉家治国平天下」の九文字で表されるものでした。優れた為政者が登場することで、国が平和になるというのは、儒者にとって、そして梅岩にとって正しい認識ではありません。平和が実現されるには、修身があって、斉家がなくてはならない。つまり、**個々人の道徳的向上がまずあり、次に家が調う**

という結果があって、それを受けて、社会の安定が実現される。これが、梅岩の思想の基盤にあったわけです。

この「修身斉家治国平天下」の中で、一般庶民が関わることのできるのはどこでしょうか。それは、修身と斉家です。斉家の家は、今でいう家族でもあり、梅岩が働いていたような商家、つまり店なども意味しました。だから、特に少ない人数で構成される共同体について、彼は考え抜きました。

心学はさまざまな道徳を提示しましたが、特に「孝」については尋常でないほどのこだわりをみせています。これは、梅岩本人だけではなく、弟子も孫弟子も、そしてそれ以降の門弟たちにしても、そうでした。家族や店の中をなごやかにし、維持していくことは、自らの生を豊かにするだけではなく、本性にかなう行為だととらえられていたのです。

ドラッカーも、家族をはじめとする共同体の重要性について、さまざまなところで力説しています。たとえば彼は、家族というものがなければ、「社会的弱者」は命をつなぐことすら難しいとして、その価値をわれわれに再認識させようとしています。

家族にはしがみつかねばならなかった。縁を切られれば破滅した。一九二〇年代までのアメリカの演劇や映画には、父なし子を連れた娘を叩き出す無情な父親が出てくる。娘には二つの道しかなかった。身を投げるか、身を売るしかなかった。

――『ポスト資本主義社会』

しかし、ドラッカーに、「修身斉家治国平天下」に類する発想は見受けられません。彼は、社会における大小の共同体の間に、有機的な関連があるとまではとらえていなかったようです。

家族主義が見直され始めた

梅岩とドラッカーの思想は、意外なほど共通する部分が多くみられますが、やや意見が分かれているところもあります。

先ほど、梅岩のいう「家」には、家族だけではなく、商家、つまり店なども含まれていることを述べました。江戸時代の商家は、主人やその家族だけでなく、丁稚、手代、場合によっては番頭まで一緒に住んでいることがありました。

特に、梅岩が勤めていた黒柳家のように、ある程度以上繁盛している大きめの商家は、住み込みの人数が多くなる傾向にあります。これが意味していることは、仕事場と住居が同じであるということでしょう。

たとえば、近代以降の欧米的個人主義から、このような江戸期の商家を眺めたとき、それは大いなる拒絶反応を伴うはずです。

「市民性」という言葉は、現代でも多くの政治学者が使用し、その定着こそが、成熟した社会の条件とされています。ドラッカーにとっても、この市民性という語で示されるものは、正しい近代社会にとって必須のものでした。そして、この市民性を「回復」する方策を彼は追求し続けましたが、それに関連して、次のようなことを語っています。

すでにこの産業社会において、市民性回復のために二つの試みがなされた。家族主義と労働組合運動だった。いずれも問題の解決にはつながらなかった。家族主義の失敗は明らかだった。創業者への愛慕の念を抱き続ける古参者以外には、そのようなものに意味のありえようはずもない。失敗の原因も明らかだった。家族主義は答えとして間違っているだけでなく。間違った問いに対する間違った答えでもあった。家族主義では、人はお題目を真に受けるものとしている。口でいうだけで位置と役割を与えることができるとする。

——『企業とは何か』

ここでドラッカーがしているのは、あくまでアメリカ社会の話であり、いわゆる一般論ではありません。しかし、彼が企業における家族主義的な心性を、市民性回復に利するものと認めていないことは、極めて重要なことだと思われます。

家族主義という言葉は、通常「家父長的原理」と「情緒的人間関係」の二側面から説明されます。近代以前には、このような家族主義は、家族以外の組織にあっても、ごく普通に存在するものでした。それは、西洋の国々も含めて、です。資本主義の発展とともに、この家族主義という考え方は力を失っていきますが、それは組織が巨大化していったことと無関係ではありません。
ところが、日本に目を移すと、家族主義は意外なほど生き残っています。特に、中小企業においてこの傾向は強いようです。今、「生き残っています」と述べましたが、むしろ見直され始めている、という方がふさわしいかもしれません。

現代の日本にみられる企業の家族主義は、「家父長的原理」に重きを置かず、主に「情緒的人間関係」を重んじるものになってきています。

家族主義が見直され始めたのは、組織が経済的理由だけで構成されていることへの、本能的な危機感からなのかも知れません。長らくアメリカでは、優秀な社員は、より高賃金のオファーを提示されて転職することが、素晴らしいことと評価されていました。その結果、役員の給料と、一般的な従業員のそれとの間には、目も眩むような差ができてしまっています。
しかし、2008年のリーマンショック以降、法外な給与を得ている大企業の役員たちに、批判の目が向けられ始めました。彼らは、一切ルールを破ることなく、優秀な仕事をしてきたのに、なぜ文句をいわれなくてはならないのか、わからないという意見もあります。

これが、まさにルール至上主義の成れの果てだと思われます。高額な退職金を繰り返し受け取りながら、莫大な財産を獲得すること自体は、一切法に反していません。しかし、こういった「自己の利益」を過剰に追求する行為が、社会から共感を得るのは、極めて難しいことでしょう。

日本で「情緒的人間関係」が見直され始めたのは、組織を守るためではありません。むしろ、個人の防壁として組織が機能するものであることを、人々が再認識するようになってきたからです。

「情緒的人間関係」を重視する企業は、多くの場合、新入社員に研修を受けさせ、先輩社員に指導させ、少しずつ彼らの力を伸ばしていきます。新入社員は、数年間は会社の戦力になりませんが、だからといって怒る社員はいません。しっかり賃金も支給されますが、入って数年は、彼らが会社に貢献した分より支給された賃金のほうがずっと上です。

まるで、江戸時代の丁稚を思い起こさせるような待遇です。丁稚には給料がありませんでしたが、生活する場所と、毎日の食事、そして盆暮れの仕着せが提供されていました。

彼らは、将来の戦力として期待され、その待遇を保障されていたわけです。

現代において、手厚い研修が期待できる企業は、「情緒的人間関係」を是とするところに限られます。なぜなら、そういった待遇は、新人たちが長い間、自社に留まって働いてくれるだろうという期待がなければできないものだからです。高いコストを費やして研修を施しながら、新人たちが数年でどんどん辞めていくような企業は、必ず倒産してしまいます。

企業が積極的に「情緒的人間関係」を築くことは、社員たちの中に愛社精神を生むことになるはずです。彼らは、自分のためだけに働くのではなく、会社の発展のためにも頑張ろうと思うことでしょう。戦後の日本企業に根づいていた年功序列と終身雇用は、この愛社精神をさらに高める方向に作用しました。

もし、社員がほとんど愛社精神を持たなくなってしまうと、企業はどうなるのでしょうか。社員にとって、職場はただ給料をもらうところになってしまい、もし現状より多くの給料を貰えるところから誘いがくれば、特に悩むこともなく退職し、そこに再就職するはずです。そして、この果てにあるのは、企業は「日々労働をして、その代価としてお金を支給してくれるだけの場所である」という認識です。

どこか、うすら寒いものを感じないでしょうか。

市民性と国民国家

少なくとも欧米においては、近代の到来とともに、徐々に家族主義は衰退しました。しかしこれは、本当に資本主義の発展と相関性のあることなのでしょうか。そしてドラッカーは、アメリカ社会において、家族主義の復活は市民性の向上に利さなかったと断言していましたが、これは日本においても同じことなのでしょうか。

これを考えるために、ドラッカーの思想をもう少し考えてみましょう。まず、ときに意味が曖昧な市民性という用語を、彼は明確にこう定義しています。

市民性とは、国のために進んで貢献しようとする意志である。国のために生きる意志である。ポスト資本主義社会においては、この市民性の回復が枢要なニーズとなる。

――『ポスト資本主義社会』

極めて解しやすい定義と説明です。市民性は、論者によって意味の振り幅の大きい用語ですが、ドラッカーは「国のために生きる意志」と簡明に記しています。

このような表現である以上、「国家や、それを愛する心とは何か」ということについても、ドラッカーの考えをみておく必要があるはずです。幸い、彼は愛国心について、これまた明確に、次のように説明しています。

愛国心とは、国のために喜んで死ぬ意志である。二〇世紀の初め、マルクス主義は、労働者階級はもはや愛国者ではないと断じた。労働者の忠誠は、国家に対してではなく自らの階級に向けられるといった。だが、それは誤りだった。今日にいたるも、国民しかも特に労働者は、気の進まない戦争においてすら国のために進んで死のうとする。しかし、愛国心だけでは不十分である。市民性が必要である。

――『ポスト資本主義社会』

彼にしては珍しく、やや不穏な表現も用いつつ、愛国心をこのように定義しています。しかし、**愛国心が「国のために死ぬ意志」で、市民性が「国のために生きる意志」というのは、実にわかりやすい説明です。**

そして彼は、愛国心と市民性の両方が、成熟した時代に必要であると力説しています。片方だけでは、大きな問題が起きるからです。

今日一人ひとりの人間は、投票と納税以外の方法で世の中に影響を与えることも、行動を起すこともできない。市民性のない社会は空疎である。市民性がなくとも、ナショナリズムは存在しうる。だが、市民性抜きのナショナリズムは、愛国心から排他主義へと堕す。社会に市民性がなければ、責任あるコミットメント、社会を社会として統合するための責任あるコミットメントなどありえない。世の中をよくすることから生ずる満足や誇りもありえない。

——『ポスト資本主義社会』

愛国心は必要不可欠だが、市民性が欠如し、それのみを宿した社会というものは、排他主義を是認する精神性を生む。この指摘は、歴史的事実を考えるとき、大変納得のいくものです。市民性を持った国民が、国家権力を批判的に監視することは、健全な社会にとって必須のものでしょう。そして、その批判的姿勢も監視も、国への愛から立ち上げられたものでなければ、ただの破壊活動にしかなり得ません。

このように考えると、市民性と愛国心がどちらも必要であることは、当然のことのように思われます。しかし、これだけでは、「国という共同体」が是認される根拠はわかりません。さらに考えを深めるためには、ドラッカーによる市民性の歴史に関する説明を読むのが一番でしょう。

彼は、愛国心は洋の東西を問わず、あらゆる国においてみられるものだが、市民性は、疑いなく西洋の発明したものであり、その原初的なものは、アテネやローマにおいて確認できると述べた後、こう書いています。

しかし、この市民性はローマの崩壊とともに消えた。中世には市民は存在しなかった。封建領主は家臣をもち、都市は中産階級をもち、教会は信者をもった。しかし、市民は何者ももたなかった。日本もまた、一八六七年の明治維新までは市民をもたなかった。大名は家臣をもち、都市はギルドの職人をもち、宗教は信者をもった。しかし、市民は存在しなかった。国民国家が市民性を再発見した。国民国家は市民性を基盤として建設された。

――『ポスト資本主義社会』

文中の国民国家というのは、歴史的に形成された共同体を基礎として成立した国家で、共通の言語や文化を持ち、共通の社会生活を営むことなどを、その特色とするものです。近代的国家と呼ばれるものの多くは、この国民国家です。

そして、ドラッカーの説明によると、西洋の社会からいったん失われてしまった市民性は、この国民国家の誕生とともに復活したということになります。これを正しいものとすれば、「国という共同体」が是認されるべき理由は明らかでしょう。なぜならば、**市民性は国民国家なくしては存在せず、愛国心も国家が存在しない限り、対象を持たない想いになってしまうからです。**つまり、市民性と愛国心が必要であるのならば、国民国家もなくてはならないものと考えるしかないわけです。

梅岩にみられる市民性

ここでようやく、梅岩の話に戻りましょう。彼が国を肯定するときに使った論理は、ドラッカーほど難しいものではありません。まずは、自分たち庶民が平和を享受できるのは、それを保障する国があるから、というものでした。

人は一人では生きていけず、常に共同体に感謝する心性を持ち続けなければならない。その共同体の中でも最も大きくて、そして力が強いのは、国でした。

だから、自己保存のためにも、国という枠組みを正しいものとして認めていました。

今の時代、天下も統一され、そこで養われていることはありがたいことである。『孟子』にはこうある。「牛や羊を放牧する地を牧地という。人に頼まれて、牛や羊を育てる者は、必ず放牧するための牧地と牧草を求めるものである。その土地と牧草を手に入れることができれば、牛や羊は自然に養われるのだ」。また、孟子は民を育てる君主を「人牧」といっている。今は天下がよく治まっているときなので、各々が職分さえ全うすれば、自然と養われることができるのは、牛や羊を放牧していれば、自然と育っているのと同じである。

――『斉家論』

人が平穏な毎日を過ごすことができるのは、国が正しく治められているからだということを理解する必要がある。梅岩はこのことを、繰り返し説いています。

また彼は、孟子の言葉を引いて、平和な国を「牧地」、安全に楽しく暮らしている自分たちを「牛や羊」にたとえていますが、これは人が国を出ては暮らせないことを知らしめるためのものでもあります。

そしてわれわれ庶民は、常にこの仁政に感謝をして、自らの力を過信しないようにと、強く戒めています。

この妙味を知らず、安楽に暮らせているのを自分の力によるものと思うことは、甚だしく愚かなことである。「暖かい着物を着て、食い飽きるまで食って、安楽な暮らしをして、人の道を知らないことは、獣にも等しい」。このように、孟子も戒めている。

——『斉家論』

国は疑うべくもない枠組みであり、感謝こそすれ、批判するなんてとんでもない。ドラッカーの議論に出てきた用語を使えば、梅岩は愛国者です。そして、一見すると、彼はほとんど思考を停止した上で、体制を称揚しているようにもみえます。しかし、それは大きな間違いだといわなくてはなりません。

梅岩は、「国のために死ぬ」ことのみならず、「国のために生きる」ことも、自覚的に行った思想家です。たとえば、彼は商業の重要性を力説しましたが、これはお上の価値観に戦いを挑むものでした。ですが、どのように理屈で考えても、発展していく社会に商業は必要で、それを賤しいものと批判するのは間違っている。心からこう考えた梅岩は、下手をすると、自著を絶版にする命が下ることすらあるのではないかと、覚悟していました。

つまり梅岩は、国を心から愛しつつも、明らかに正当と判断し得ないものに関しては、一切の遠慮もなく、批判の声を上げていました。それは時代的制約もあり、市民性を持つものと呼ぶには多少無理がありますが、精神性自体は、市民のそれに思えます。

そして、儒学をベースにした梅岩の思想において、**国家は、世の一人ひとりが徳を積み、人格的に向上することによって、平和という状態をもたらす「装置」でもありました。**正しく治まっている国は、正しい人々が多い国というのが、梅岩の認識です。島国という条件もあって、当時の日本に住んでいた人々の大部分が、歴史や言語をともにしていたことも、こういった彼の考え方を無理のないものにしたのだと思われます。

位置と役割が人生を輝かせる

すでに触れた通り、梅岩の思想の中で、最も判断が難しいのが、「形によるの心」と彼が呼んだ、独特の存在論でした。「形によるの心」は、『荘子』という書から着想を得たものではあるのですが、梅岩の使い方は、どうにも独自性の高いものだったのです。

しかし、この「形によるの心」抜きに、梅岩を理解することは不可能です。そこで私は、

第5章において、この「形」とは「自分の置かれた状況」と理解するのが、最も適切ではないかと論じました。さまざまな人生の局面において、梅岩が求めるのは、「自分の置かれた状況」の下で、自らの最善を尽くすこと。この生き方を継続することで、人は本性に接近することが可能となるのです。

本当の自分というのは、どこかにある「理想の状況」にたどり着くことで「実現」するものではないというのが、梅岩の基本にあります。しかし、「形によるの心」という説が正しく、「自分の置かれた状況」で全力を出すことが貴いとしても、その状況が、余りにも大きな問題を抱えたものであれば、どれほど足掻いても、自らの本性に近づくことなど不可能に違いありません。

たとえば、就職先の企業が労働基準法すら守らないような状態にあったとき、「自分の置かれた状況」の中で全力を尽くすならば、場合によっては命が危険に晒される可能性すらあります。定められた労働時間を守らず、過労を強いる企業の下で働いても、自己の本性が自覚される瞬間など、決して到来することがないでしょう。

だから、「形によるの心」という考え方は、今のような仕事の話でいうならば、企業側の良心を前提とするものです。企業が、社員は大切な存在で、彼らの生涯は一度しかないことを十分に理解して、仕事を与える必要があります。

これは果たして、過度な要求でしょうか。決して、そうとは思われません。優れた企業家は、当たり前のように、こういったことを行っています。そして、社員を正しい意味で大切にする企業が、結果として大きな利益を出すことになるのも、世の常です。

このような企業への要求は、実はドラッカーも明確に行っていることなのです。その際に誤解を排除するため、彼はまず、企業とはどういう存在なのか、その一般的な説明から始めます。

企業たるものは、生産者としての能力を強化して初めて社会の代表的組織として機能したことになる。同時に、社会の代表的組織としての企業は、経済的な組織であるとともに、政治的な組織であり、かつ社会的な組織でもなければならない。生産者としての経済的な機能と同じように、それ自体、コミュニティとしての社会的な機能が重要な意味をもつ。

——『企業とは何か』

企業の「目的」は、利益を上げることにはありません。これをドラッカーは繰り返し強調しますが、生産力を上げ、利益を獲得することは、企業が継続されるための「手段」であるとも、説いています。当然のようで、極めて重要な指摘でしょう。

そして、企業は経済的な組織でありながら、コミュニティとしても機能すべきものだと述べているのです。これは、一体何を意味するのでしょうか。続けて、ドラッカーの説明を聞いてみます。

一人ひとりの人間に位置と役割が必要であるということは、産業社会にあっては、人は社会における位置と自己実現の喜びを、企業の一員すなわち従業員として得るよりほかにないことを意味する。すなわち個としての人間の尊厳は仕事を通じてのみ得られる。

——『企業とは何か』

自分は何者なのか、自分の本性はどのようなものなのか。それを知るために必要なことは、瞑想などではありません。人間は社会を必要とし、社会においてのみ、人生の真の意味を感得することができる存在です。**ドラッカーは人に必要なものを、位置と役割という語で説明しています。そして、仕事を通じて知ることのできる、自らの位置と役割が、真に人生を輝かせるものとなる、と主張するのです。**

この位置と役割は、表面的な言葉によって与えられるようなものではありません。

> 社会における位置が、景気のような自分ではどうしようもない現象に左右されるのであっては市民たることはできない。社会における自らの意味に由来するところの満足にせよ、個としての自らに対する確信に由来するところの満足にせよ、仕事を通じて実現されなければならない。個たる人間は、プロパガンダや心理操作ではなく、現実に重要な存在たることによってのみ得ることのできる尊厳を必要とする。
>
> ――『企業とは何か』

現代社会に生きる人間は、衣食住のみを提供されても、決して満たされません。自分が社会から必要とされていて、社会に貢献できていること。この実感が、生きていく上で、幸福感を得る上で、必要となるのです。

従業員は、企業から正しく評価され、適切な場所に配置され、そこで成果を上げることによって、尊厳を得る。これを知れば、企業の責任は極めて重いということがわかるはずです。短期的な儲けを考えて、従業員の生を軽んじる企業は、企業たる資格を持っていないのです。そして、このようなドラッカーの考え方を補助線とすることによって、梅岩の「形によるの心」は、今を生きるわれわれにとっても、大いなる指針となることが理解できるはずです。

適切な役割と、適切な位置。企業はそれを従業員に提供し、従業員は「自分の置かれた状況」の下で最善を尽くし、自らの本性に近づいていく。自己実現という言葉は、人が未知の何者かに変身するようなニュアンスがあるので、もし梅岩が今に生きていたら、その語は使わないでしょう。

仕事によって到達できるのは、まったく知らない場所ではなく、本来の自分にほかなりません。

おわりに

長らく「本質的な不況」に苦しんでいる日本経済に対して、日々、さまざまな処方箋が提示されています。

その中で最も多いものは、本文でも繰り返し触れた通り、「個人消費を活発にしよう」というものです。お金をたくさん使えば、景気が浮上するという、ある意味疑うことのできない真理が、その背景にあります。

しかし正直なところ、「消費、消費」の連呼を聞いて、うんざりしている向きも多いはずです。そして長期的にみたとき、「活発な個人消費を称揚する精神」が、われわれの社会によからぬ影響を与えることに気づいている人々も、相当数いるように思われます。

梅岩ならばその理由を、「人間の本性に、消費への欲望や、それを正当なものととらえる心性は備わっていないから」と説明するでしょう。

消費への欲望を煽ることは、人間の本質を危機に晒します。そしてそれは、健全な共同生活を崩壊させるものともなるでしょう。

戦後の日本を概観すると、この消費を煽る声は、通奏低音のように続いていたことに気づかされます。拡大家族から核家族への変化は、一世帯の人数を減らすことを意味しましたが、実はもっと重要なことがあります。それは、「人口が不変であっても、世帯の数が増える」ことです。

たとえば、もともと八人で構成されていた家族が、四人ずつの二世帯になったとします。そこで生じることは、家電への需要が倍になるという現象です。一つでよかった冷蔵庫は二つ必要になり、同じようなことが、洗濯機でも、テレビでも起こりました。

人間の共同体を分割することで、商品への需要は高まる。それに気づいた企業、そして、その企業を包摂する社会は、経済的発展を至上命令として、家族をどんどん切り刻んでいきました。そして、至った状況が、単身世帯の増加です。一人しかいない世帯は、もう分割することはできません。

個人消費によって好調な景気を維持しようとする政策は、思いも寄らない結果を招きます。繰り返すように、それは人間本性に背く考え方だからです。

自由を得るために一人になったと思い込んでいた人々は、底知れぬ孤独感に苛まれています。それは、理屈を超えた恐怖感でしょう。梅岩の用語でいえば、「形」に反したありかただからです。

共同体でしか暮らせない存在が、一人で暮らし、そしておそらく将来的にも家族を持てないであろうという予感を抱いていること。これが、消費を煽る声によって導かれた結果であることを、ほとんどの人が気づかずにいます。

だからこそ、今必要なのは原理的な思考なのです。単身世帯が増加し、生涯未婚率が高まっている状況をみて、「男女の出会いの場を、もっと作ればよい」などと考える政治家は、物事の表層しか見ることができていません。問題はもっと深刻で、病状は想像以上に進行しています。

単身世帯の増加は、おびただしい数ある現代的問題の一つに過ぎません。そしてまた、消費を煽る声が生み出した数多くの病理の、一つでしかないのです。

梅岩の思想は、さまざまな問題に対し、簡潔な回答を与えてくれるようなものではありませんでした。しかし、次のようなことは教えてくれます。それはすなわち、すべての問題には、表面にみえていない「根」があり、それを認識することをしなければ、解決方法は判明しないということです。

そもそも、人間にとって解決が難しい問題は、即効性のある、わかりやすい解決方法がないからこそ、難しいはずなのです。今は何事につけても、「速くあること」が求められがちな時代ですが、本当に大切なことは、愚直に、地道に進めなければ達成されないことを、われわれは再認識するべきでしょう。

あるいは、歩みを止めて立ち止まり、足下を確かめてみることも重要です。梅岩だけでなく、過去の思想を読むという行為は、現代の喧騒から精神的な距離を取り、すべてを客観的に見直すための余裕を与えてくれるものでもあるのです。

最後になりましたが、本書の執筆にあたっては、株式会社ディスカヴァー・トゥエンティワン取締役編集局長、藤田浩芳さんにひとかたならぬお世話になりました。藤田さんからのご提案やご意見、そして温かい励ましがなければ、本書は決して完成に至ることができませんでした。心から感謝の言葉をお伝えしたいと思います。

もし本書が、梅岩の思想を理解する助けとなり、また、山積する現代的問題を解決する糸口を提供するものとなっていれば、望外の喜びです。

森田健司

主要参考文献

石田梅岩関連

柴田実編『石田梅岩全集（上・下）』（清文堂出版・1956年）
石田梅岩著、足立栗園校訂『都鄙問答』（岩波書店・1935年）
柴田実校注『日本思想大系42　石門心学』（岩波書店・1971年）
加藤周一編『日本の名著18　富永仲基・石田梅岩』（中央公論社・1972年）
柴田実監修・森田芳雄著『倹約斉家論のすすめ─石田梅岩が求めた商人道の原点』（河出書房新社・1991年）
岩内誠一『教育家としての石田梅岩』（立命館出版部・1934年）
柴田実『石田梅岩』（吉川弘文館・1962年）
森田健司『石田梅岩─峻厳なる町人道徳家の孤影』（かもがわ出版・2015年）

石門心学関連

石川謙『石門心学史の研究』（岩波書店・1938年）
石川謙『心学　江戸の庶民哲学』（日本経済新聞社・1964年）
石川謙『石田梅岩と『都鄙問答』』（岩波書店・1968年）
石川謙『増補　心学教化の本質並発達』（青史社・1982年）

柴田実『梅岩とその門流 石門心学史研究』（ミネルヴァ書房・1977年）
竹中靖一『石門心学の経済思想 増補版』（ミネルヴァ書房・1972年）
古田紹欽・今井淳編『石田梅岩の思想「心」と「倹約」の哲学』（ぺりかん社・1979年）
今井淳・山本眞功編『石門心学の思想』（ぺりかん社・2006年）
R.N.ベラー著、池田昭訳『徳川時代の宗教』（岩波書店・1996年）
森田健司『石門心学と近代 思想史学からの近接』（八千代出版・2012年）
柴田実編『増補 手島堵庵全集』（清文堂・1973年）
白石正邦編『手島堵庵心学集』（岩波文庫・1934年）
石川謙校訂『道二翁道話』（岩波文庫・1935年）
石川謙校訂『松翁道話』（岩波文庫・1936年）
石川謙校訂『鳩翁道話』（岩波文庫・1935年）
柴田実校注『日本思想大系42 石門心学』（岩波書店・1971年）

経済学・経営学関連

アダム・スミス著、山岡洋一訳『国富論―国の豊かさの本質と原因についての研究（上・下）』（日本経済新聞社出版局・2007年）
アダム・スミス著、村井章子・北川知子訳『道徳感情論』（日経BP社・2014年）

荻生徂徠著、辻達也校注『政談』（岩波文庫・1987年）
鈴木正三著、加藤みちこ編訳『鈴木正三著作集（Ⅰ・Ⅱ）』（中公クラシックス・2015年）
ピーター・ドラッカー著、有賀裕子訳『マネジメント（Ⅰ・Ⅱ・Ⅲ・Ⅳ）』（日経BP社・2008年）
ピーター・ドラッカー著、上田惇生訳『産業人の未来』（ダイヤモンド社・2008年）
ピーター・ドラッカー著、上田惇生訳『企業とは何か』（ダイヤモンド社・2008年）
ピーター・ドラッカー著、上田惇生訳『ポスト資本主義社会』（ダイヤモンド社・2007年）
松下幸之助『人間を考える』（PHP文庫・1995年）
松下幸之助『道をひらく』（PHP・1968年）

外国人による訪日記関連

M・C・ペリー著、F・L・ホークス編纂、宮崎壽子監訳『ペリー提督日本遠征記（上・下）』（角川ソフィア文庫・2014年）
V・F・アルミニヨン著、大久保昭男訳『イタリア使節の幕末見聞記』（講談社学術文庫・2000年）
エメェ・アンベール著、高橋邦太郎訳『続・絵で見る幕末日本』（講談社学術文庫・2006年）
カッテンディーケ著、水田信利訳『長崎海軍伝習所の日々』（平凡社・1964年）
タウンゼント・ハリス著、坂田精一訳『日本滞在記（上・中・下）』（岩波書店・1953〜1954年）
イワン・アレクサンドロヴィチ・ゴンチャローフ著、高野明・島田陽訳『ゴンチャローフ日本渡航記』（講談社学術文庫・

２００８年）

その他

山本博文監修、蒲生眞紗雄・一坂太郎・後藤寿一著『江戸時代２６５年ニュース事典』（柏書房・２０１２年）
厚生労働省　公式サイト（http://www.mhlw.go.jp/）

本書は２０１５年に小社より刊行された
同名の単行本を携書化したものです。

ディスカヴァー携書 208

なぜ名経営者は石田梅岩に学ぶのか?

発行日　2019年　1月30日　第1刷

Author　森田健司

Book Designer　石間淳

Publication　株式会社ディスカヴァー・トゥエンティワン
〒102-0093　東京都千代田区平河町2-16-1 平河町森タワー11F
TEL　03-3237-8321（代表）03-3237-8345（営業）
FAX　03-3237-8323
http://www.d21.co.jp

Publisher　干場弓子
Editor　藤田浩芳

Marketing Group
Staff　小田孝文　井筒浩　千葉潤子　飯田智樹　佐藤昌幸　谷口奈緒美
古矢薫　蛯原昇　安永智洋　鍋田匠伴　榊原僚　佐竹祐哉
廣内悠理　梅本翔太　田中姫菜　橋本莉奈　川島理　庄司知世
谷中卓　小木曽礼丈　越野志絵良　佐々木玲奈　高橋雛乃

Productive Group
Staff　千葉正幸　原典宏　林秀樹　三谷祐一　大山聡子　大竹朝子
堀部直人　林拓馬　塔下太朗　松石悠　木下智尋　渡辺基志

Digital Group Staff　清水達也　松原史与志　中澤泰宏　西川なつか　伊東佑真
牧野類　倉田華　伊藤光太郎　高良彰子　佐藤淳基

Global & Public Relations Group
Staff　郭迪　田中亜紀　杉田彰子　奥田千晶　連苑如　施華琴

Operations & Accounting Group
Staff　山中麻吏　小関勝則　小田木もも　池田望　福永友紀

Assistant Staff　俵敬子　町田加奈子　丸山香織　井澤徳子　藤井多穂子　藤井かおり
葛目美枝子　伊藤香　鈴木洋子　石橋佐知子　伊藤由美　畑野衣見
井上竜之介　斎藤悠人　宮崎陽子　並木楓　三角真穂

Proofreader　文字工房燦光
DTP　株式会社RUHIA
Printing　共同印刷株式会社

・定価はカバーに表示してあります。本書の無断転載・複写は、著作権法上での例外を除き禁じられています。インターネット、モバイル等の電子メディアにおける無断転載ならびに第三者によるスキャンやデジタル化もこれに準じます。
・乱丁・落丁本はお取り替えいたしますので、小社「不良品交換係」まで着払いにてお送りください。
本書へのご意見ご感想は下記からご送信いただけます。
http://www.d21.co.jp/contact/personal

ISBN978-4-7993-2424-0

携書ロゴ：長坂勇司
携書フォーマット：石間　淳